ALLAN PERCY (California, 1959) es experto en *coaching*, conferenciante y un reconocido escritor especializado en manuales de superación personal. En la actualidad asesora a editoriales en temas de autoayuda, además de viajar por todo el mundo en busca de nuevas inspiraciones para sus libros. A lo largo de sus años de carrera ha colaborado con profesionales del prestigio de Elisabeth Kübler-Ross o Foster Hibbard. Es autor de *Conecta con la felicidad*, *La escafandra del optimista* y de la serie Genios para la Vida Cotidiana, entre otros.

Papel certificado por el Forest Stewardship Council®

Primera edición en B de Bolsillo: junio de 2025
Primera reimpresión: julio de 2025

Travessera de Gràcia, 47-49. 08021 Barcelona
Diseño de la cubierta: Penguin Random House Grupo Editorial / Lucía Garrido
Imagen de la cubierta: © Laura Lezza / Getty Images

Printed in Spain – Impreso en España

ISBN: 978-84-9070-996-2
Depósito legal: B-6.392-2025

Compuesto en Llibresimes, S. L.
Impreso en Black Print CPI Ibérica
Sant Andreu de la Barca (Barcelona)

BB 0 9 9 6 2

Mujica
Una biografía inspiradora

ALLAN PERCY
con la colaboración de Leonardo Díaz Echenique

Prólogo: un héroe de ahora

El poeta Pablo Neruda tituló sus memorias *Confieso que he vivido*. Si José Mujica escribiera las suyas, bien podría asumir este título con el agregado final «intensamente». Aunque es difícil que se entregue a la tarea de escribir sobre sí mismo. Primero porque de eso ya se han encargado otros con escritos y biografías sobre su persona, que lo han transformado en el político uruguayo que más bibliografía ha generado. En segundo lugar, porque nunca se ha tomado demasiado en serio como para preocuparse de quedar justificado en la historia.

Además, como buen conversador, extrovertido y accesible, se ha encargado de que no queden muchas preguntas por responder sobre su vida, su obra o su pensamiento. Las bibliotecas o las redes sociales están repletas de reportajes, discursos o sus famosas frases filosóficas, fuera de tono o de brutal sinceridad.

Hace algunos años, cuando fue elegido presidente, el mundo descubrió a un político distinto. Vivía con muy poco, decía lo que pensaba y se expresaba más como un filósofo que como un exguerrillero devenido en político. Periodistas de todo el mundo han visitado su humilde vivienda y su fama mundial llevó a que muchos descubrieran un país llamado Uruguay. Pero los uruguayos ya lo conocían muy bien, porque su figura ha estado asociada a la historia viva de este país en los últimos sesenta años.

«Confieso que he vivido intensamente», podría decir Mujica, porque desde muy joven se involucró intensamente en el activismo político de un partido tradicional; porque vivió la década de los años sesenta desde la trinchera revolucionaria de los que querían cambiar el mundo; porque pasó los setenta en la más oscura de las catacumbas de la dictadura; porque renació en los ochenta, en la primavera de la democracia; porque en los noventa participó en el crecimiento y triunfo de las izquierdas; porque ha llegado a ser presidente de mi país.

No es casual que a esta biografía tan notable se la compare con la de Nelson Mandela. Dos supervivientes de las torturas y las prisiones que traen un mensaje de reconciliación y palabras llenas de sabiduría. Pero Mujica se ha encargado de bajarse del pedestal que reconoce merece Mandela. Lo hace con su estilo, humorístico y coloquial. «Mandela juega en otra liga, él se comió veintiocho años de cana y yo solo catorce». Él es simplemente «el Pepe», un muchacho de barrio, con las virtudes y defectos de su pueblo, y el único título que se concede es el de ser un luchador social. En esto lo ha ayudado su imagen de chacarero rústico, desaliñado, reacio a las corbatas, que lo han transformado en «Juan Pueblo», como lo define con sarcasmo su amigo Fernández Huidobro. Pero esa tosca apariencia esconde un «animal político» muy hábil que sabe adónde quiere llegar, aunque lo esconde muy bien, y no teme los desafíos del poder.

Alguna vez ha dicho que es un «terrón con patas» para significar su amor por las cosas del campo. Pero esta imagen también retrata la de un hombre con los pies sobre la tierra, lejos de la idea del presidente filósofo que habita en una nube. Su trayectoria es la de un político que no pierde de vista la realidad y que actúa con pragmatismo porque «los hechos son como son».

Su lenguaje directo, llano, popular, con las dosis de demagogia y efectismo de un gran comunicador, esconde más de lo que muestra. Su refranero no es el de un Sancho Panza superficial e irreflexivo. Sus aforismos o frases contundentes están dichos para llegar al gran público, pero lo que sabe, según él muy poco, lo sabe bien, porque lo ha rumiado durante años.

Una de las cosas que ha aprendido es a decir la verdad, «que al fin y al cabo es lo más cómodo en la vida. Lo que es hay que reconocerlo». Esto es una herejía política en un ambiente en el que parecer es más importante que ser. A Mujica no le ha ido mal por el camino de reconocer los errores, los fracasos o las «metidas de pata».

Ha culminado su gobierno con altos índices de popularidad, resultados económicos y sociales elogiados en todo el mundo y medidas puntuales, como la legalización de la marihuana, que pasarán a la historia. Lo ha hecho conjugando dos realidades antitéticas: una concepción ideológica y un estilo de vida anarquista con el cargo político de presidente que concentra el mayor poder del Estado. Muchas veces el encaje de estas piezas no ha resultado, lo que ha provocado que su gestión haya estado salpicada de marchas y contramarchas que han desgastado su gobierno. Pero otras veces, muchas, la frescura de quien confía en que el «sujeto del cambio sos vos, pueblo querido», ha aportado un aire fresco que ha oxigenado el aire tan viciado de la política.

Quien revise la intensa y larga vida de Mujica puede encontrar grandes diferencias con su modo de pensar o de actuar. Pero es difícil dejar de admirar la capacidad que ha demostrado para levantarse de múltiples caídas o reinventarse atendiendo los aires de cada época. Esta vitalidad no es la del político o ejecutivo eterno que se alimenta de poder y vive encaramado en un trono. Es la de un joven octogenario que en el umbral de la vida planea como proyecto vital adoptar «treinta o cuarenta gurises» (niños) que nunca tuvo, porque cuando debió hacerlo «estaba ocupado tratando de cambiar el mundo».

PRIMERA PARTE

MUJICA: UNA VIDA CON SENTIDO

Un muchacho de barrio

Las biografías de personajes ilustres suelen resaltar experiencias de sus primeros años que han marcado rasgos de su personalidad o explican sus trayectorias singulares. Al joven Che lo apodaban el Loco, y este espíritu aventurero y quijotesco fue la marca que lo acompañó hasta los últimos días de su vida; el carácter irascible y dominante con que Steve Jobs dirigió sus empresas ya estaba presente en su niñez, traumada por el abandono de sus padres biológicos; el expresidente Lula recordaba con tristeza: «yo no tuve infancia», y su primera medida de gobierno fue implementar el programa Hambre Cero destinado fundamentalmente a los niños más pobres.

El caso de Mujica es diferente. Las diversas biografías sobre su vida dedican pocas páginas a su infancia y primera juventud, sin destacar hechos determinantes que hayan definido su particular modo de ser. Esto se debe sobre todo a que el propio Mujica ha rechazado cualquier panegírico que lo convierta en un ser especial. Él es una persona común y se define como «un muchacho de barrio».

El barrio del que habla se llama Paso de la Arena y está ubicado a las afueras de Montevideo. En los años treinta estaba a medio camino entre ciudad y campo, y era un lugar en cuyas calles de tierra los niños jugaban al fútbol y las puertas de las casas permanecían sin llave. Sus habitantes llevaban una vida de pueblo y muchos, como sus padres, eran campesinos que habían migrado a la ciudad para mejorar sus condiciones de vida. Para los vecinos y amigos que mantuvo toda su vida, José Mujica era el Pepe.

Montevideo ya era una gran ciudad que concentraba más del 50 por ciento de la población del país. Pero en el barrio se vivía en un ambiente de pueblo en el que todos se conocían y no era difícil cruzarse por la calle con alguna autoridad importante, como el propio presidente de la República, que compraba flores en el puesto de su madre. Mujica recuerda que, siendo un joven militante político, tuvo una disputa que estuvo a punto de terminar en pelea con otro joven vecino llamado Luis Lacalle. A diferencia del plebeyo Mujica, Lacalle pertenecía a la élite uruguaya y era nieto del legendario caudillo Luis Alberto de Herrera. Cincuenta años después, los contendientes se enfrentaron nuevamente para disputar las elecciones presidenciales del Uruguay.

Mujica nunca se alejó mucho de esta patria chica. En 1985, cuando lo liberaron de la cárcel, volvió a instalarse en la casa materna y, poco después, se fue a vivir a una pequeña chacra cercana, La Puebla, en Rincón del Cerro, que terminó siendo la residencia del presidente de la República. La legión de periodistas de todo el mundo que desde 2010 han visitado esta casa siempre se encuentran con algún amigo del barrio dispuesto a contar alguna anécdota de este muchacho casi octogenario. En esta patria chica contrajo matrimonio, «arregló los papeles», con Lucía Topolansky, y sus padrinos fueron dos vecinos de toda la vida.

Hijo del Uruguay

En su familia se hablaba de política y él mamó desde pequeño las discusiones de sobremesa en las que pugnaban blancos contra colorados, los dos partidos dominantes de la escena política. En su niñez, Uruguay había entrado en un período de decadencia económica y en una espiral de gobiernos de facto que habían roto la estabilidad institucional característica de este país. Ya no era el Uruguay descrito por Eduardo Galeano que «a principios de siglo no tenía analfabetos y contaba con la legislación social más progresista del mundo». El país de las medallas olímpicas y del Maracanazo se había quedado estancado rememorando glorias pasadas. En palabras de Mujica:

> *Yo pertenezco a un pequeño país que por los años 1920 y 1930 tenía el ingreso per cápita que podía tener Francia o Bélgica, un país que llegaron a llamar la Suiza de América. Ese no fue el que yo conocí, fue en el que nací, pero que estaba muriendo cuando yo nací.* (2013)

Como el noventa por ciento de los uruguayos, los ancestros de Mujica eran inmigrantes. Por parte de su madre, italianos del Piamonte que se instalaron en una colonia en la localidad de Carmelo para prosperar en la industria de la vid. Su abuelo, de genio fuerte y emprendedor, trabajó en política con el Partido Blanco y llegó a ser reelegido varias veces como concejal. Este temple enérgico lo heredó su madre, Lucy Cordano, que, según su propio hijo, era «una vieja dura y trabajadora» y también militante barrial del Partido Blanco.

En cambio, su padre, Demetrio Mujica, de ascendencia vasca, se crio como hijo de latifundista y nunca tuvo los hábitos de trabajo de la familia de su madre. Era hijo de un «mercachifle», vendedor callejero, que cambió de vida cuando se casó con la heredera de un terrateniente. Criado como niño bien, no tenía los hábitos de trabajo y fue incapaz de mantener lo heredado. Al poco de casarse, se lo había fundido y terminó trabajando como funcionario de la Administración. Falleció a los cuarenta y ocho años enfermo de sífilis, según cuentan, por la vida disipada que había llevado.

Ambas familias representan la cara y cruz de la forma de ser de los uruguayos. La de su padre es la cultura del «Uruguay facilongo», que vive de las rentas o a costa del Estado. Muchas veces se ha quejado de que a los uruguayos «no les gusta trabajar», están más cómodos con la burocracia y el enchufismo en el Estado.

En cambio, la familia Cordano son los inmigrantes que llegaron con una mano atrás y otra delante e hicieron «las Américas» con la cultura del trabajo y el sacrificio.

> *[En Uruguay] Somos medio atorrantes, no nos gusta tanto trabajar. [...] Nadie se muere por exceso de trabajo.* (2013)

Lucía Cordano, una madre coraje

En la biografía escrita por Walter Pernas, hay una foto de un joven Mujica sonriente con una dedicatoria que muestra la relación especial que siempre mantuvo con su madre.

> *Seré todo o no seré, mas es mi lema luchar para ingresar en las filas de los que saben triunfar y colmar la aspiración de mi patria y mi mamá.* (1949)

Desde la muerte de su marido, Lucy se tuvo que hacer cargo de dos niños: Pepe, de siete años, y su hermanita María Eudoxia, que nació con una enfermedad mental. Era una mujer de contextura robusta, de genio fuerte, a la que no le temblaba la mano cuando tenía que reprender a sus hijos. Tardó quince años en cobrar la pensión de su marido, pero logró sacar adelante a su familia trabajando duro en la chacra familiar.

En este pequeño minifundio de catorce mil metros cuadrados se producían las flores para vender en la ciudad y los alimentos para consumo familiar. Habían aprendido el cultivo de las flores de unos vecinos japoneses, emigrantes de la guerra, que vivían en una colonia cercana. Cada mañana Lucy cargaba pesados atados de calas para vender en el centro mientras sus hijos se quedaban al cuidado de algún vecino.

> *Tal vez haya quedado medio traumatizado con la figura femenina. Figura femenina que agarraba una bolsa de cincuenta kilos de pórtland [cemento] y se la ponía abajo del brazo.* (2012)

Otra de las fuentes de ingresos era el trabajo del mimbre: la familia se dedicaba a cortar y preparar los cestos para las damajuanas dedicadas a la industria del vino. En la época de la vendimia, trabajaban como jornaleros en las chacras vecinas. Fue un tiempo de mucho trabajo y, aunque siempre estuvieron ajustados, nunca pasaron hambre. La Tana, como la conocían, se las compaginaba para que nunca faltara el pan, que lo amasaba ella misma, y que su hijo cumpliera con sus obligaciones escolares.

> *Vivíamos en un circuito de economía cerrada, mi madre hacía el pan casero y se las arreglaba para cocinar cualquier cosa. Puedo decir que nunca pasamos hambre, aunque hubo días en los cuales, para tomar el ómnibus, tuve que pedirle prestado al panadero un medio o un real, que después le devolvía con la plata que traía de la venta de los cartuchos.* (2009)

Una vez le preguntaron si había tenido una infancia feliz. Sin afirmarlo ni negarlo, contestó que esta etapa de la vida va atada al paso del tiempo que endulza los recuerdos. Su mayor añoranza es que a estos niños pobres de barrio les sobraba el tiempo a pesar de las exigencias laborales o de lo ajustados que vivían.

Iba a una escuela que estaba al lado de su casa y nunca faltó a clase, excepto cuando murió su padre o tuvo alguna enfermedad. Sobre la asistencia a clase, su madre era inflexible, ya que la educación era prioritaria. Esta idea estaba muy presente en la cultura de la sociedad uruguaya, que ya a principios de siglo era la más alfabetizada de América Latina. Los padres esperaban mucho de la educación de sus hijos. El «hijo doctor» no solo era un anhelo de estatus o seguridad económica para cualquier familia, sino también, para una madre como Lucy, un motivo de orgullo especial.

Aunque en el caso de Mujica esta aspiración se frustró cuando abandonó la universidad, su madre siempre mantuvo una fe inquebrantable en el futuro de su hijo. En los momentos más aciagos de su vida, preso, incomunicado y con muy mala prensa, su madre aseguraba a sus vecinos que ese chico llegaría a ser presidente de la República. Cuando algún periodista ha recordado lo visionaria que fue esta premonición, Mujica responde que «hizo increíbles pronósticos, como hacen todas las madres, y al parecer no la erró».

Su madre fue un apoyo fundamental durante toda

su vida y le enseñó algunas lecciones fundamentales. Aprendió el oficio de chacarero, que retomó al salir de la cárcel y es la profesión que aparece en su currículum como presidente. Pero, sobre todo, le transmitió una fuerza de voluntad inquebrantable para no claudicar nunca ante la adversidad. Este espíritu lo ayudó a superar las difíciles pruebas a las que lo sometió la vida.

> *El hombre es un animal fuerte. Se puede caer dos, cinco veces y volver a levantarse. No es un fracaso. El único fracaso es la muerte.* (Mujica, al recordar su paso por la prisión, 2012).

Joven libertario

Pero no todo era militancia y estudio. En un país de gran tradición futbolera, los niños aprendían a jugar en los campitos con pelotas hechas de trapo y porterías improvisadas con ladrillos. Aquí residía el milagro futbolístico de este pequeño país con dos campeonatos del mundo y una medalla olímpica. El fútbol fue una pasión de la niñez que abandonó en la adolescencia para dedicarse de lleno al ciclismo. Desde los doce hasta los dieciséis años practicó este sacrificado deporte que lo obligaba a madrugar y con el que recorrió las rutas uruguayas. La bicicleta se había popularizado por los éxitos internacionales de Atilio François, una leyenda en Uruguay que durante años representó al club de Carmelo, el pueblo de su abuelo.

Pepe obtuvo algunos éxitos y llegó a competir en la máxima categoría siendo muy joven. Justamente la primera carrera en esta división fue la última en la que participó Atilio. Pero esta prometedora trayectoria como ciclista se interrumpió por una lesión en la rodilla que lo mantuvo inactivo varios meses. Durante la convalecencia conoció a su primera novia, que «le cambió los centros de atención». Y, según confiesa, el amor lo terminó apartando de las rutas.

Enamoradizo y de verbo fácil, nunca tuvo problemas para relacionarse con las mujeres. Se dice que en su vida tuvo cuatro grandes amores, incluyendo a su actual esposa. Pero pocas veces habla de sus experiencias amorosas. Cuando habla de las mujeres, recuerda la historia de su madre y de otras como ella que padecieron la discriminación y las injusticias de una sociedad patriarcal.

> *Hay que luchar contra la herencia de nuestro crónico machismo, agresivo, impositivo, dominador, que frecuentemente se expresa en todas nuestras costumbres y germina en el seno de nuestra educación, en la enseñanza que impartimos a nuestros hijos.* (2010)

Cuando habla de su adolescencia, le brillan los ojos al recordar los primeros escarceos amorosos y la vida de estudiante. Estudió en el Liceo Bauzá, una escuela tradicional de Montevideo. Amaba la historia, la literatura, la física y la química, y odiaba las matemáticas o la lengua. Nunca podría haberse imaginado que muchos años después la lectura de los libros de química lo salvaría de la locura cuando estuvo preso.

El presidente filósofo, como algunos lo han denominado, no tuvo ni tiempo ni ganas de una vida intelectual. Sin embargo, siempre sorprende con alguna reflexión o cita filosófica que demuestran que el rústico chacarero sabe más de lo que parece. El libro de Mario Mazzeo, *Charlando con Pepe Mujica*, muestra un Mujica inédito que realiza un amplio recorrido intelectual en el que disecciona hechos históricos, pensadores o críticas filosóficas.

Su interés por la historia, en particular la de América Latina, se despertó en la juventud. En el liceo ganó un certamen estudiantil con un trabajo sobre el libertador Artigas. Pero sobre todo fueron los cambios de la época y la militancia política los que lo llevaron a confrontarse con las ideas e interpretaciones del pasado.

En la década de los cincuenta se vivía una época convulsiva motivada por la crisis económica y nuevas ideas que se iban incubando en la sociedad. La escuela no estaba al margen de estos cambios y los estudiantes se movilizaban con nuevos reclamos. Mujica militó en un sindicato estudiantil de extracción anarquista llamado Agrupación de Reforma Universitaria. Las ideas anarquistas, muy arraigadas en la sociedad uruguaya, son una pieza fundamental en su ideario político y filosófico. Más tarde conoció de cerca las luchas del sindicato de la carne, ácratas muy influyentes en la zona de Paso de la Arena.

> *En el Liceo, milité en una agrupación libertaria. Nuestro lema era: «Que te echen del trabajo por pelear, pero no por atorrante». Los anarquistas modernos pelean por no trabajar.* (2012)

Dentro de esta formación ecléctica y asistemática reconoce la influencia del grupo de intelectuales de FORJA (Fuerza de Orientación Radical de la Joven Argentina). Este grupo nacionalista, antiimperialista y antioligárquico reivindicaba las gestas de los caudillos populares denostados por la literatura liberal. El espíritu de democracias primitivas de los caudillos estaba presente en la facción herrerista del Partido Blanco con la que siempre simpatizó. Esta influencia llegaría hasta la época de guerrillero tupamaro cuando toma el nombre de «guerra de Facundo» en homenaje al caudillo gauchesco argentino.

El ambiente estudiantil también se prestaba a las tertulias literarias y a las charlas de café sobre temas filosóficos. De vez en cuando iba a escuchar alguna conferencia o asistía a las clases que le interesaban de la Facultad de Humanidades. Las clases del escritor español Jorge Bergamín deleitaban a los alumnos, que aprendieron de su experiencia republicana antes de que el general Franco lo obligara a exiliarse. El cuentista uruguayo Paco Espínola era capaz de dedicar un año entero a la relación Cervantes y Homero con las aulas llenas de alumnos boquiabiertos.

> *Fue la etapa más intelectual de mi vida; casi todos los días leía cuatro o cinco horas en la biblioteca de Humanidades, que era fenomenal.* (2002)

La universidad, en cambio, no lo sedujo. Lo intentó con la abogacía, que era una carrera prometedora para un hogar, por donde habían pasado muchos «doctores» dedicados a la política. Al finalizar el liceo ingresó en la Facultad de Derecho, pero pronto se dio cuenta de que este ambiente lo asfixiaba y abandonó en el primer año. Su verdadera vocación la terminó encontrando en la actividad política y social, a la que se dedicó en los años siguientes.

El paso por la política

En el año 1956, en una reunión política en la casa de su madre, conoció al diputado Enrique Erro, un dirigente de la facción herrerista del Partido Blanco, con el que quedó cautivado. Erro era un dirigente político reconocido por su honestidad, la defensa de los valores nacionalistas y de los sectores agrarios por los que Mujica siempre tuvo una especial simpatía.

En 1958, después de cien años de dominio colorado, los blancos ganaron las elecciones y Erro se integró en el Gobierno como ministro de Industria y Trabajo. Un año después, comenzaron las divisiones, y Erro se posicionó contra la adhesión del Uruguay al Fondo Monetario Internacional y encabezó una cruzada contra la corrupción de su propio Gobierno. Con pocos apoyos internos, tuvo que renunciar al cargo.

> *Para mí la política es la lucha para que la mayoría de la gente viva mejor. Vivir mejor no es solo tener más, sino ser más feliz, y eso tiene que ver con las carencias materiales, pero tiene que ver también con otras cosas...* (2013)

A partir de este momento la posición política de Erro se fue radicalizando hacia la izquierda en clara oposición a los partidos tradicionales. En las elecciones de 1962 Erro se separó del Partido Blanco e integró un frente con el Partido Socialista llamado Unión Popular. Mujica, que siempre sintió gran admiración por Erro, acompañó todo este proceso y fue secretario general de la Juventud del partido y llegó a ser candidato a edil en el municipio de Montevideo. Durante ocho años de militancia partidaria pudo conocer la trastienda de la política y confraternizar con otros dirigentes que cada vez se sentían más descontentos con la situación que vivía el país.

A pesar de las ilusiones que despertó la Unión Popular, el resultado de las elecciones presidenciales de 2002 fue decepcionante. La alianza solo obtuvo el 2,8 por ciento de los votos, mientras que los dos partidos tradicionales se repartieron más del 90 por ciento de los sufragios. Aunque Erro pudo mantener la banca como diputado, esta derrota evidenciaba lo difícil que era plantear una opción al bipartidismo. Algunos empezaron a dudar de la vía electoral para impulsar los cambios y desplazar a los partidos tradicionales en el poder.

Estas dudas se alimentaban por las transformaciones que se estaban produciendo en el mundo. La polarización del mundo entre el este socialista y el oeste capitalista incitaba a la alineación de los países con alguno de estos polos. Y la opción socialista solo era viable por la vía revolucionaria.

La fascinación por el socialismo

El 3 de mayo de 1959, cinco meses después de su entrada victoriosa en La Habana, Fidel Castro llegó a Montevideo. En ese momento, Castro declaró que «si los comunistas ya dominaran Cuba, me quedaría a vivir en Uruguay». Dos años después se proclamó comunista y Uruguay rompió relaciones diplomáticas con Cuba. Pero el impacto de sus discursos ante miles de jóvenes y el mito romántico de estos muchachos barbudos que habían derrotado una dictadura corrupta empezaba a separar las aguas de la sociedad uruguaya.

En el año 1960 Mujica realizó un viaje a Cuba como representante de la Juventud del partido al Congreso de Juventudes por la liberación de América Latina, organizado por la reciente revolución triunfante. En plena efervescencia revolucionaria escuchó por primera vez al Che Guevara arengando a los jóvenes de «la edad, del carácter y de las ilusiones» a que aprendieran en la «extraordinaria universidad de la experiencia y el contacto vivo con el pueblo, con sus necesidades y sus anhelos». Esta era la universidad que quería Mujica. Desde este momento, se dedicaría a formarse en la profesión de «luchador social».

> *Yo, por mi parte, me fui haciendo marxista. Mi primer pensamiento de izquierda fue anarquista, esto es incuestionable. Después fui encontrando más racionalidad, una mayor explicación, a través de una interpretación histórica más marxista. Pero yo diría que se trataba de un marxista más heterodoxo, menos encuadrado dentro de las visiones del Partido Comunista de la época o el propio Partido Socialista. Un marxismo más librepensador, menos escolástico. Y siempre muy cuestionador, especialmente de los soviéticos. Y también de los partidos comunistas.* (2009)

La fascinación por el socialismo se acentuará en un segundo viaje, donde conoció la Unión Soviética, Armenia y China. De su visita a Rusia siempre recuerda, con cierta decepción, la anécdota de la camisa de nailon. Mientras visitaba una fábrica, unos trabajadores le propusieron comprar su camisa. Asombrado porque era de muy mala calidad, advirtió que a estos trabajadores los movía un ansia de consumo. A pesar de todos los años de Gobiernos comunistas, los soviéticos no habían logrado el hombre nuevo que reclamaba Marx.

> *Después de los viajes que hice en los sesenta, marqué una independencia personal que podría resumirse de este modo: una gran afinidad con la revolución cubana y una reticencia con la Unión Soviética.* (2005)

De la política a la acción directa

Pero además de los cambios en el contexto internacional, Uruguay atravesaba una crisis económica con una conflictividad social creciente. Las reglas de juego de la calle exigían alternativas diferentes a las que se ofrecían en los pasillos del Parlamento. Por lo menos así lo entendía Raúl Sendic, un dirigente socialista que se había dedicado al asesoramiento jurídico a los sindicatos agrarios. En 1962 había participado en las luchas gremiales de los azucareros, que estaban enfrentados a Cainsa, un ingenio de capital norteamericano situado en el norte de Uruguay. Los cañeros llevaron sus reclamos a Montevideo, donde consiguieron la solidaridad de diferentes grupos, sobre todo de izquierda. Mujica integró de forma activa los grupos de apoyo en una lucha que se volvía cada vez más violenta.

Estos grupos forjaron una relación entre jóvenes dirigentes que se mantendría durante décadas. Entre los participantes de estos acontecimientos estaban Eleuterio Fernández Huidobro, Raúl Sendic y el propio José Mujica, que diez años después integraron el comando central de la agrupación guerrillera Tupamaros. Pero la preocupación en esos momentos era conseguir apoyo logístico para los cañeros. Los machetes no eran suficientes y decidieron que había llegado el momento de las armas.

Muchas veces nuestros sentimientos ya decidieron lo que después la razón busca justificar. (2005)

Así nace la operación Tiro Suizo, antecedente fundamental de la guerrilla uruguaya. La operación consistió en el robo de armas de fuego de un club de tiro denominado Sociedad de Tiro Suiza de Nueva Helvecia. Aunque el robo se realizó de acuerdo con lo planeado y sacaron el material que buscaban, algunos fallos logísticos pusieron en riesgo la operación. Alguien había advertido que las llantas de la camioneta que usarían no resistirían el peso del transporte. Pero no repararon en este detalle y un reventón en una rueda terminó con un vuelco espectacular.

Aunque rescataron las armas y las escondieron, el accidente no pasó desapercibido y, pocos días después, la policía estaba detrás de ellos. El descubrimiento de la incipiente subversión armada tuvo una gran repercusión pública. Se daban a conocer las primeras detenciones y la policía comenzaba a buscar los nombres de prófugos, entre los que estaba Sendic. Mientras tanto, Mujica se movía activamente entre los grupos de apoyo que realizaban actos solidarios o procuraban alojamientos clandestinos a los huidos.

El nacimiento de Tupamaros

El Tiro Suizo fue una de las tantas experiencias que sirvieron para convencer a un grupo decidido de jóvenes a crear un foco guerrillero. La idea de este se inspiraba en las reflexiones del Che Guevara sobre la experiencia de la revolución cubana. Para el Che, Cuba era la demostración de que no siempre había que esperar a que se dieran todas las condiciones para la revolución. Bastaba con que un grupo pequeño de insurgentes iniciara acciones de guerrilla en el campo para que esta se expandiera y lograra el levantamiento de las masas.

El problema del Uruguay, una amplia llanura de vegetación baja, era que no tenía una Sierra Maestra que resguardara a los combatientes. Uno de los foquistas más entusiastas, el ingeniero Jorge Manera, había recorrido todo el país y había llegado a la conclusión de que la alternativa uruguaya era crear el foco urbano. Esta concepción, que podía considerarse una verdadera herejía en el manual guerrillero del Che, fue aceptada y pasó a ser una característica de la «uruguayidad» de Tupamaros.

En el verano de 1966 se celebró una reunión clandestina en el balneario de El Pinar Norte, donde se definieron los objetivos y se estableció la organización formal del Movimiento Nacional de Liberación-Tupamaros. El nombre proviene de la denominación peyorativa que daban las autoridades coloniales a los revolucionarios independentistas de origen mulato o indio. El término aludía a la revuelta del inca Tupac Amaru contra las autoridades coloniales del virreinato del Alto Perú. La reivindicación de las luchas históricas y de los elementos propios de la cultura uruguaya fue una constante de este movimiento revolucionario.

En la primera época se dedicaron a pensar en una estructura organizativa que contuviera la diversidad de grupos y procedencias ideológicas que se intentaban coordinar. Las opciones iban desde el partido revolucionario clásico, con un comando centralizado y un programa estricto, a grupos autónomos, horizontales y espontáneos de tipo anarquista. Finalmente se escogió una opción híbrida, una «organización desorganizada», con un comando de dirección central y grupos a los que se les reconocían amplias zonas de autonomía. Esta seña de nacimiento se mantuvo durante toda la trayectoria de Tupamaros, que nunca llegó a transformarse en un ejército disciplinado. Muchos años después Julio Marenales reivindicaba el espíritu gregario: «al MLN-T no hay nadie que lo mande. Ni Raúl Sendic. Esto es un colectivo verdadero. Somos fanáticos del colectivismo» (2006).

El núcleo fundacional lo formaban principalmente los grupos vinculados a Raúl Sendic y al socialismo. Otros sectores, de procedencia anarquista o maoísta, desistieron de participar de la «orga», término coloquial que usaban para llamar a la organización. Mujica había abandonado la militancia en el Partido Blanco y se había vinculado al MIR, una organización comunista maoísta. Al final, fue de los pocos integrantes del MIR que se adhirieron a la nueva organización y se incorporó a una célula en Montevideo.

La «adicción a la acción» o «accionismo» fue otra seña identitaria de Tupamaros que dice mucho de este espíritu ácrata con el que se concibieron. Casi sin formación ni entrenamiento, los neófitos guerreros se largaban a la calle a acometer las acciones más arriesgadas. Un mural de Montevideo que rezaba «Las palabras nos separan, la acción nos une», sintetiza esta huida hacia delante que conjuraba los déficits organizativos y las diferencias internas.

Mujica, como muchos otros, sufrió en carne propia las consecuencias de este voluntarismo improvisado. La consigna de los primeros tiempos era que las células consiguieran pertrechos, armas y dinero para emprender acciones de envergadura. En una de las primeras acciones de su célula, un intento por «expropiar» una empresa textil, la policía lo apresó, y lo condenaron a ocho meses de prisión. Por suerte, para la organización, no estaba fichado como terrorista, sino como delincuente común. Desafortunadamente, para su madre fue un duro golpe enterarse de que su hijo era un delincuente, pues desconocía la doble vida que llevaba.

La propaganda armada

En los primeros años Tupamaros realizó acciones de gran impacto mediático con un uso mínimo de la violencia. La audacia y espectacularidad de estas acciones tenían objetivos propagandísticos y de denuncia para concitar apoyo en la población. Por ejemplo, justificaban las «expropiaciones forzosas» para conseguir recursos dando a conocer documentos comprometedores de empresas o entidades financieras que actuaban de forma ilegal. Otros operativos típicos era actuar a lo Robin Hood al distribuir mercaderías o alimentos en barrios pobres. Se priorizaba el trabajo político sobre el militar o, en palabras de Mujica: «Éramos políticos en armas».

El mensaje fue exitoso, sobre todo entre los jóvenes, que se sintieron atraídos para enrolarse en una forma de lucha romántica que cuestionaba el modelo vigente. La popularidad de Tupamaros crecía con el descontento general frente a la crisis económica, con una inflación que en 1967 alcanzó el 136 por ciento anual, mientras que el salario real caía más del 40 por ciento.

Pero el éxito se convirtió en un problema, ya que cuanto más grande era la «organización desorganizada», más difícil era coordinar sus acciones. De los doscientos veinte miembros que tenía en su nacimiento, llegó a tener más de cinco mil en el año 1971. Este crecimiento cuantitativo no se correspondió con la calidad organizativa necesaria para actuar en situaciones cada vez más audaces y de riesgo.

Sin tiempo suficiente para formarse adecuadamente, con entrenamiento militar mínimo y graves problemas de coordinación, Tupamaros padeció la enfermedad del éxito, que mal gestionado «distorsiona la visión de la realidad». Mujica recuerda que cuando estaba en la prisión de Punta Carretas, en 1969, «hicimos un promedio de nuestras edades y nos dio veintiún años. Éramos una organización de chiquilines y les estábamos pidiendo cosas que no podían cumplir, pero que estaban exigiendo los hechos».

Mientras tanto, el Gobierno endurecía cada vez más las medidas de represión para contener los reclamos sociales. La reforma de la Constitución de 1966 había fortalecido el poder de la presidencia, que, cada vez más, recurría a medidas especiales de suspensión de las garantías constitucionales. Esto estaba en sintonía con lo que sucedía en el contexto latinoamericano, donde comenzaba a implementarse la «Doctrina de la seguridad nacional».

Para esta, promovida por Estados Unidos, la guerra entre el comunismo y el capitalismo se libraba en el interior de los estados. Por lo tanto, era necesario que intervinieran directamente los ejércitos, por ser las instituciones más eficaces para la guerra. A mediados de los años sesenta, los militares de Brasil y Argentina aplicaron estas enseñanzas en sendos golpes de Estado contra las frágiles democracias de los presidentes Goulart e Illía. Mientras la ola de gobiernos autoritarios se extendía, la noticia del arresto y posterior asesinato del Che Guevara en Bolivia era un duro golpe para los revolucionarios, pero también un ejemplo de entrega total a la causa.

> *Yo no estoy de acuerdo con Bertolt Brecht, porque no hay hombres imprescindibles, sino causas imprescindibles.* (1996)

El 22 de diciembre de 1966 murió el joven de veinte años Carlos Flores, la primera baja guerrillera en un enfrentamiento con la policía. Dos días después, en otro enfrentamiento, murieron otro tupamaro y un policía. Desde este momento comenzó a crecer una espiral de violencia en la que las armas fueron las protagonistas. En la presidencia de Jorge Pacheco Areco desde fines de 1967, los militares fueron ganando cada vez más espacio y se recrudeció la represión.

La opción por las armas

Mujica siempre ha sostenido la tesis de que Tupamaros se decidió por la vía armada para defender la democracia ante un inminente golpe de Estado. Otras teorías sostienen que, desde su creación, tenía como objetivo llegar al poder a través de una revolución violenta. De hecho, el documento número uno de Tupamaros de 1967 postulaba que existían las condiciones objetivas para una revolución socialista que derrocara a la oligarquía.

Lo cierto es que la opción del proselitismo armado planteaba más y más limitaciones. Las fuerzas de seguridad estaban prevenidas y actuaban cada vez con más rigor. Se multiplicaban las detenciones, los allanamientos de locales o la represión de las manifestaciones. El Gobierno apelaba frecuentemente a las medidas excepcionales para suspender las garantías constitucionales. A medida que se avanzaba era más difícil ser legal y transgresor a la vez. Los tupamaros se decidieron por la guerra.

Con los años, Mujica ha reflexionado críticamente sobre este paso de la política a las armas. El principal error que reconoce es no haber tenido una estrategia para afrontar los acontecimientos. Los hechos los superaron. El problema no era tanto la violencia, que para un socialista convencido puede ser necesaria en determinados momentos, sino haber caído en la visión cortoplacista en la que predominaron las armas.

> *Los tiros por sí solos no definen jamás la historia si no crean soluciones a largo plazo.* (2007).

En poco tiempo pasó de ser un militante legal, que seguía con su trabajo de florista y realizaba acciones de apoyo, a trabajar en la clandestinidad como responsable militar de una columna. Cada una estaba formada por un grupo selecto de combatientes que tenían gran autonomía de actuación. Se integró en la columna 10 de Montevideo, que protagonizó múltiples operaciones de impacto mediático. Facundo, su primer nombre de guerra, comenzó a aparecer en los medios como uno de los «sediciosos» más buscados. También fue ascendiendo dentro de la organización hasta formar parte de la dirección.

Entre los años 1969 y principios de 1970 los tupamaros protagonizaron más de cien hechos de envergadura que tuvieron un gran impacto mediático. Desde los secuestros a diferentes empresarios para cobrar rescates hasta los de diplomáticos, como el embajador de Inglaterra, Geoffrey Jackson, o el diplomático brasileño Aloysio Dias.

Uno de los hechos más impactantes sucedió en octubre de 1969, cuando varias columnas de tupamaros participaron en la toma de la pequeña ciudad de Pando, donde se perseguían varios objetivos: recursos, pertrechos y sobre todo instigar el levantamiento popular. Cuando cumplieron la parte de su operativo, la columna de Mujica regresó a Montevideo pensando que la operación había sido un éxito. Después se enteraron de que a otros comandos no les había ido tan bien: hubo bajas de civiles, policías y guerrilleros, y muchos de estos últimos terminaron en prisión. Este operativo, como otros similares, terminó con un saldo negativo en la popularidad de los guerrilleros.

La estrategia seguida por los tupamaros en Pando, movimientos tácticos, con cierta seguridad pero sin un análisis exhaustivo de las consecuencias, fue una modalidad que se repitió en otras acciones. A la larga, estas prácticas improvisadas de grupos autónomos y con poca disciplina se mostraron ineficientes para enfrentar a un ejército profesional.

Otro de los hechos que les dio fama mundial fue el secuestro del agente de la CIA Dan Mitrione. Este militar, que colaboraba con el Gobierno de Uruguay en temas de seguridad, tenía un frondoso currículum como asesor de las fuerzas paramilitares brasileñas, conocidas como los escuadrones de la muerte. A cambio de la libertad de Mitrione y del diplomático brasileño Dias Gomide, los tupamaros pedían la liberación de la totalidad de los presos políticos.

Presionado por el presidente Nixon y la dictadura brasileña, el Gobierno de Pacheco endureció las medidas para encontrar a los prisioneros. Como respuesta, los tupamaros pusieron una fecha límite para que el Gobierno cumpliera la petición. Cuando se cumplió el ultimátum, ejecutaron a Mitrione aplicando la «justicia revolucionaria». Posteriormente, el cineasta griego Costa-Gavras narró el caso en la película *Estado de sitio*, que obtuvo numerosos premios internacionales.

Aunque nunca utilizaran el terror como herramienta de lucha, la muerte de policías y civiles los hizo aparecer como terroristas despiadados en los medios de comunicación. En otras acciones, las represalias, los ajusticiamientos por venganza o, como diría Mujica, el exceso militarista los llevaron a abusos exaltados por la prensa de la dictadura, que convirtió a los tupamaros en verdaderos demonios.

Las huidas de las cárceles

En la clandestinidad, los guerrilleros vivían el día a día como si fuera el último de su existencia. Cambiaban continuamente de residencia, usaban documentos falsificados y se movían con sigilo para que no los reconocieran. Sin embargo, en el Uruguay del «somos pocos y nos conocemos mucho», esta situación era muy difícil de mantener. El círculo se fue cerrando cada vez más por las intensas campañas de búsqueda y captura, que terminaban en redadas o allanamientos masivos.

En mayo de 1970 un funcionario del Ministerio del Interior reconoció a Mujica y a otros compañeros en un bar. Enseguida la policía montó un amplio operativo que terminó en una espectacular balacera en la que Mujica cayó herido de gravedad. Tirado en la calle y sin posibilidad de defensa, un policía intentó rematarlo y le disparó varias veces a bocajarro. En total recibió seis balazos, de los que sobrevivió de milagro. Pasó la convalecencia entre el hospital penitenciario y la propia cárcel, donde lo atendieron otros guerrilleros presos.

Las heridas, que le dejarían graves secuelas para los próximos años, no le impidieron protagonizar una huida masiva de presos de la cárcel de Punta Carretas. De forma paciente y guiados por el ingeniero Manera, lograron construir un túnel de cuarenta metros de largo que atravesaba los muros del penal a diez metros de profundidad. Para acceder a la entrada del túnel, socavaron boquetes entre los calabozos, que comunicaban a todos los escapistas. De este modo, huyeron ciento seis presos sin que se percataran los guardias de seguridad. Fue la huida más numerosa en la historia, que le valió un récord Guinness.

El Gobierno, con el apoyo del Partido Blanco, respondió con la declaración de Estado de Guerra Interna donde quedaban suspendidas las garantías constitucionales. Los prófugos tuvieron que improvisar refugios en casas legales o directamente cavando pozos, llamados tatuceras, en alusión a las cuevas del tatú, armadillo americano. Emiliano, el nuevo nombre de guerra que adoptó Mujica en honor al revolucionario mexicano, se recuperaba en un hospital de campaña mientras sus camaradas continuaban con un accionismo cada vez más intenso.

En las calles se había recrudecido la violencia y el Gobierno otorgó amplias facultades al ejército, que se hizo cargo de la lucha antisubversiva. En poco tiempo fueron cayendo uno a uno los comandos guerrilleros hasta que dieron con el sótano donde se escondía Emiliano, que terminó otra vez en la cárcel.

A fines de 1971 se celebraban elecciones nacionales con una importante novedad en el ámbito partidario. Una coalición de partidos de izquierda, denominado Frente Amplio, aparecía como una alternativa para competir frente a los dos partidos tradicionales. Por primera vez, partidos de izquierda que históricamente habían estado divididos se presentaban unidos al postular a la presidencia al general Liber Seregni, al que apoyaba, entre otros, Enrique Erro. La dirección de Tupamaros, que estaba en prisión, decidió dar un apoyo crítico al Frente, que alcanzó un auspiciante 18 por ciento de los sufragios. Ganó las elecciones el colorado Juan María Bordaberry, que era un político que prometía mano dura y un mayor acercamiento a los militares.

La tercera estancia en la cárcel no duró mucho tiempo. Nuevamente, los hábiles topos cavaron un túnel, esta vez desde el exterior, que facilitó la huida de Mujica y otros prisioneros. El nuevo túnel conectaba el hospital con las cloacas de la ciudad. Tuvieron que recorrer más de cuatro kilómetros entre las aguas residuales hasta llegar a la superficie. Una vez fuera, las condiciones de supervivencia habían empeorado de forma dramática. Dispersos y sin recursos, debían guarecerse donde podían, muchas veces a la intemperie del campo, en el frío invierno uruguayo. En esta época comienza su romance con Lucía Topolansky.

Yo no pasé catorce años en la cárcel por héroe, los pasé porque me agarraron, porque me faltó velocidad para disparar. Me tocó perder y fue una manera de perder todavía con suerte. A los quijotes que se meten a transformar el mundo lo mínimo que les puede pasar es esto. (2012)

Lucía Topolansky, una historia de amor

La historia de la perdurable relación de Mujica con su pareja Lucía Topolansky tiene todos los componentes románticos y de drama de una novela para el gran público. Se conocieron en la clandestinidad, cuando ambos estaban prófugos y con orden de captura por las fuerzas de seguridad. Pepe formaba parte de la dirección de Tupamaros en Montevideo y Lucía, aunque diez años más joven, ya era una guerrillera curtida en mil batallas.

Cuando conoció a Mujica, cuyo nuevo nombre de guerra en ese momento era Ulpiano, estaba buscando refugio después de una espectacular huida de la cárcel de mujeres. Poco antes había perdido a su novio, Bleko Katrás, otro guerrillero tupamaro asesinado por la policía. Ella recordaba que «no era el primer novio que perdía en aquellas condiciones y, en ese entonces, yo había visto morir a muchos compañeros».

Estuvieron pocos meses juntos porque el idilio amoroso se interrumpió cuando la policía los volvió a detener. Sin embargo, lograron mantener una insólita relación epistolar durante los casi trece años que estuvieron presos. No era común que los presos pudieran comunicarse con el exterior y mucho menos entre las cárceles. Lo consiguieron gracias a la gestión de sus abogados y al consentimiento de los propios carceleros, que se recreaban con el tono romántico que usaba el duro guerrillero. Cuenta la hermana de Lucía, que compartió la celda con ella, que la primera carta de Pepe causó sensación en la cárcel, llena de frases «sentimentalonas, como todas las cosas del Pepe».

> *Allá por el año 73 un oficial, que me hostigaba, me decía que había soñado que él vendría dentro de miles de años y yo seguiría estando presa. Entonces le dije: «Mira, ni te preocupes, porque si en doce o trece años no me voy por la puerta grande, me voy a ir por la chica». Y se dejó de embromar.* (2010)

Pero Lucía no solo ha compartido los temas del corazón. Esta mujer de aspecto agradable y sereno forma parte del círculo más íntimo al que Mujica consulta sus decisiones. Es una dirigente con peso propio, conocida como Tronca por su carácter firme, que ocupa un lugar influyente como senadora nacional en la estructura de poder del Uruguay.

Proviene de una familia acomodada de Montevideo y su segundo apellido, Saavedra, es de la rama del presidente de la primera Junta de Gobierno de Argentina en 1810. Su padre, un ingeniero de ascendencia polaca, enfermó de cáncer cuando ella era una niña. El abuelo materno acudió en ayuda de la viuda, que, con siete hijos, había quedado en una difícil situación económica.

Se educó en colegios religiosos y participó de muy joven en las experiencias de los curas obreros en los barrios más humildes. Ingresó en la Facultad de Arquitectura y a los dos años abandonó los estudios para dedicarse de lleno a la militancia en Tupamaros. Ella y su hermana gemela, María Elia, abandonaron la cómoda vida burguesa por la austera y arriesgada experiencia guerrillera.

Cuenta su hermano que cuando la policía la fue a buscar a su casa, nadie podía creer lo que pasaba. Su padre, de pensamiento conservador, nunca asumió que su hija se hubiera hecho guerrillera y hasta su muerte, mientras Lucía estaba presa, sostuvo que la habían engañado.

El descenso a los infiernos

La presidencia de Bordaberry fue breve porque cayó en la trampa autoritaria que él mismo propició. Primero les abrió la puerta a los militares para que controlaran gran parte de la Administración. Después ejecutó una suerte de autogolpe en el que disolvió la Asamblea y asumió todo el poder. Por último, en 1976, los militares, verdaderos dueños del mando, decidieron que ya no necesitaban a un político dictador y lo sustituyeron con un clásico golpe militar. Atrás habían quedado las negociaciones de último momento con los pocos guerrilleros que quedaban libres para acordar un alto el fuego. Cuando en septiembre de 1973 cayeron Bebe Sendic y el resto de la cúpula de Tupamaros, las fuerzas de la guerrilla estaban exhaustas.

Empezó una de las etapas más negras de la historia del Uruguay. Para Eduardo Galeano, «la dictadura uruguaya torturó mucho y mató poco. La argentina practicó el exterminio». Aunque la «uruguayidad» diera un rostro más amigable a los militares, estos ejecutaron de forma sistemática prácticas aberrantes contra personas a las que se mantuvo presas durante años sin ningún proceso judicial.

Se ensañaron de forma extremadamente cruel con la cúpula de Tupamaros, a quienes aislaron y sometieron a toda clase de torturas y vejaciones. A estos nueve presos se los reconocería como los «rehenes», ya que se mantendrían con vida siempre y cuando no hubiera nuevas acciones de la guerrilla. La capacidad para resistir y no quebrarse ante los maltratos físicos y psicológicos a los que los sometieron fue una de las razones que alimentó el mito de los rehenes.

En el informe de Amnistía Internacional del año 1976 ante la Cámara de Representantes de Estados Unidos, se citaba la declaración del director del penal de La Libertad, que reconocía que, al no atreverse a ejecutarlos cuando tuvieron oportunidad, sabían que en el futuro tendrían que soltarlos, por lo que debían aprovechar «el tiempo que nos queda para volverlos locos». El caso de Mujica fue paradigmático.

Durante los doce años y algunos meses en que permaneció en prisión lo trasladaron periódicamente a diferentes centros penitenciarios, en donde se lo mantenía recluido y sin comunicación con los otros detenidos. En algunos calabozos, como los de Santa Clara de Olimar, estuvo encerrado durante meses en cubículos de las dimensiones de un nicho, sin ventanas, ni colchón, ni mantas. Padecía diarreas continuas e incontinencia urinaria. Mal alimentado y en condiciones higiénicas deplorables, poco a poco fue perdiendo todos los dientes.

La incomunicación y el maltrato fueron minando paulatinamente su salud mental. Comenzó a tener alucinaciones, a conversar con las ranas que tenía de mascotas y a escuchar los gritos de las hormigas. En esos momentos, cuando estaba tocando fondo, apareció el espíritu inquebrantable legado por su madre. Una anécdota, que después se hizo famosa, cuenta que su madre le había llevado una pelela (orinal) de plástico con dos patitos para que pudiera salvar las urgencias urinarias. Mujica, de forma obstinada, reclamó y consiguió que le llevaran esta pelela que habían retenido los guardias. Se aferró a este artefacto como una tabla de salvación y logró llevarla consigo a todas las prisiones en las que estuvo. Había conquistado un derecho por el que recuperaba la dignidad y que lo devolvía a la realidad. Abandonó la cárcel abrazado a su pelela, convertida en una maceta de flores.

Mujica reconoce que su sanación mental fue gracias a una psiquiatra que lo atendió en el penal. En un momento en que se encontraba totalmente perdido, con alucinaciones, la médica recomendó que le dieran lecturas y papel para escribir. Comenzó con libros básicos de química y física, que copiaba y releía continuamente. Después pasó a temas de biología y a estudios de agronomía. En los últimos tiempos le permitieron cultivar un jardín.

En noviembre de 1980 la junta militar convocó un plebiscito para reformar la Constitución y crear una democracia tutelada por los militares. Dicen que los dirigentes se deciden por los plebiscitos cuando creen que los van a ganar. Los militares se equivocaron en el diagnóstico y perdieron. Esta dura derrota minó aún más el poder de un Gobierno que cada vez estaba más cuestionado internacionalmente.

Sin embargo, debieron pasar cinco años más hasta que los militares convocaran elecciones y una amnistía general diera libertad a los presos. A diez años del golpe en 1983, el escritor Mario Benedetti denunciaba en un artículo publicado por el diario *El País* de España la situación de los nueve rehenes.

> Habría que retroceder varios tramos en la historia para hallar prácticas de un sadismo tan explícito. En un concepto moderno de la justicia, ni los criminales más atroces e irrecuperables son sometidos a este tipo de tortura moral, de castigo sin tregua. Solo nueve rehenes, cada uno de los cuales probablemente ni siquiera sepa qué pasó con los ocho restantes. (1983)*

Henry Engler, uno de los más afectados psicológicamente por los maltratos de prisión, explica cómo

* Los nueve rehenes fueron Mauricio Rosencof (escritor, actual director de la división de Cultura de la Intendencia de Montevideo), Eleuterio Fernández Huidobro (hoy senador), Raúl Sendic (líder de Tupamaros y muerto en París en 1989), Henry Engler (experto en neurociencias y candidato al Nobel de Medicina), Adolfo Wassen (muerto de un cáncer de columna meses antes de salir en libertad), Jorge Zabalza (hoy distanciado del Movimiento), Jorge Manera (también distanciado), Julio Marenales y José Mujica.

llegó tan lejos su amigo y compañero de cárcel Mujica: «Después de años encerrado y a punto de enloquecer, en la lucha por superarse a sí mismo se pierden los sentimientos de odio y rencor, y la solidaridad se transforma en una forma de satisfacción permanente» *(Carta Maior)*.

Mujica agradece todo lo que vivió:

> *«Porque si no hubieran pasado esos años y aprendido el oficio de galopar dentro de mí mismo, habría perdido lo mejor de mí mismo. Me obligaron a remover mi suelo y eso me hizo mucho más socialista que antes».* (1989)

Una hoja de ruta sin odios

El 15 de marzo de 1985 salieron de la cárcel los nueve rehenes tupamaros, entre los que se encontraba Pepe Mujica. Miles de personas se habían acercado a la cárcel para recibirlos. Existía gran expectativa por escuchar las declaraciones de estos presos, que estuvieron incomunicados durante más de una década.

Uno de los desafíos más importantes que tenía la transición a la democracia uruguaya eran las heridas abiertas en el pasado. Muchos temían que volvieran los fantasmas de la violencia y el odio e hicieran imposible el funcionamiento de las débiles instituciones democráticas. La respuesta la tuvieron dos días después de que los dirigentes tupamaros salieran de la cárcel y hablaran en un acto multitudinario en el Platense Patín Club. Mejor dicho, habló Pepe Mujica, y fue el primer discurso improvisado que dio en la democracia.

Rodeado de sus compañeros de cárcel, avejentados, flacos y rapados, se dirigió en un expectante silencio, con voz pausada, a la multitud. El discurso estuvo dirigido especialmente a la juventud y el mensaje definió una hoja de ruta que los tupamaros cumplirían en los años siguientes. Algunos párrafos significativos de este discurso fueron los siguientes:

> *Elegimos ciertos principios que hay que recordarlos: somos, primero, tupamaros, elegimos un sistema de direcciones colectivas, y cada día más la complejidad de los fenómenos sociales y políticos va determinando que las dirigencias sean equipos, y que un equipo de dirigentes será bueno en la medida que sea capaz de generar otros mejores. Aprendimos en la orfandad de los calabozos, en todos estos años, con qué poco se puede ser feliz, y si con eso no lo lográs, no lo lográs con nada. Aprendimos también sin libros, un modo de mirar un tanto panteísta: nos gustaban las arañas, nos gustaban las hormigas, porque eran la única cosa viva que teníamos en la soledad de nuestros calabozos. Somos de la naturaleza y con ella estamos.*
>
> *Vamos a salir en la medida que nos den las fuerzas, a caminar por la calle, a tomar un poco de mate con los muchachos por las esquinas, a conversar con la gente de las fábricas con el mismo espíritu con que fuimos, allá por el 66, a reclutar el primer grupo de estudiantes que debajo de sus portafolios, de sus reglas, llevaban un puñadito de sueños.*
>
> *Se cuenta, en nuestra cultura no escrita, que los muchachos preguntaron qué línea teníamos para el movimiento estudiantil. Nosotros contestamos: no tenemos línea, ustedes tienen que generar la línea. Tene-*

mos claro que la etapa que se viene tiene sus inmensas posibilidades, sus tremendos interrogantes. Hay una generación fundamental, la que se está procesando, que trae un bache: muchos años de oscuridad, mucho fervor. Solo una actitud democrática permitirá una maduración política masiva de esa inmensa potencialidad, hay que ser democráticos.

Es la hora de tener claro que, ante el dilema centralismo o democracia, hay que inclinarse por más democracia. Por eso, porque ya aprendimos, porque ya tenemos claro esto, porque estamos viejos, porque tenemos conciencia lúcida de que pronto tenemos que marcharnos por el camino de la naturaleza, por todo eso estamos convencidos de que vamos a ser la fuerza política que englobe la juventud, la cosa esencial de la juventud del país.

Estamos y estaremos con todos aquellos que luchen por un paso de progreso, y si a veces no podemos llegar a más, será porque medimos objetivamente que las condiciones no dan más, pero no vamos a mentir, ni ayer ni hoy, reformistas.

Yo llamo a los compañeros primero a responsabilidad. Segundo, recalco, no odio. Tercero, otra diferencia que me permite la libertad ideológica de ser tupamaro, para aquellos que dicen que no tenemos ideología: yo puedo decir, y nadie me va a dar un tirón de orejas, que no creo en ninguna forma de justicia humana. Toda forma de justicia, en mi filosofía casera, es una transacción con la necesidad de venganza.

Por eso no creo mucho en una justicia que se pro-

mete. Y no me gusta sacar gajos del árbol caído, muchos nos caranchearon, muchos nos insultaron en estos años, no vamos a responder por eso. Estaremos, sí, pero no en el campo de la filosofía diletante de café, de la cual abjuramos hace muchos años; el tupamarismo se generó como una reacción al mero diletantismo. Y es por ello que vamos a estar en guardia junto a ustedes, y con ustedes, y con todo el pueblo. Pero no con un hacha en la mano, vengadores, de ninguna manera; nosotros estamos para tratar de hacer y de construir con ustedes.

Las circunstancias lo dirán. Muchas gracias, compañeros. (1985)

Soy Pepe, no Mandela

Cuando Mujica entró en la cárcel, tenía treinta y siete años, y cuando salió, era un hombre avejentado de cincuenta. La vida en el calabozo lo hizo «rumiar», como decía él, sobre el futuro político de la democracia primaveral que se vivía. Los colorados habían ganado de nuevo las elecciones y Julio María Sanguinetti, un exministro de Bordaberry, fue elegido presidente de la República. Fue una democracia pactada con la intervención del Frente Amplio, que aceptó una ley de amnistía general que exoneraba a los presos políticos, pero también a los militares.

Mujica había vuelto al huerto familiar de su madre y poco después se instaló en una pequeña finca en Rincón del Cerro con Lucía Topolansky. Reemprendió su oficio de floricultor y comenzó, esta vez muy pacientemente, a reconstruir el espacio político desde Tupamaros. Además de recuperarse de las heridas de su prolongado cautiverio, se debía adaptar a una realidad que no era la que él había vivido. Esta transición, que duraría casi diez años, lo ayudó a ordenar las ideas y a definir un estilo que lo distinguió del resto de los políticos.

> *Yo no estoy arrepentido por lo que hice. He cometido una cantidad de macanas, pero no me arrepiento de lo que fue mi vida.* (2006)

Su preocupación de disponer de una estrategia para no quedar atrapado en la coyuntura es similar a un principio político que siguió Nelson Mandela durante su vida. En algún momento, Mandela tuvo la oportunidad de salir de prisión y acogerse al exilio. Pero prefirió seguir en la cárcel para negociar y no traicionar el plan que se había trazado. En el Platense Patín Club, Mujica asumió una hoja de ruta construida sobre su propia forma de vida, que mantendría en los años subsiguientes. La diferencia con Mandela es que siempre tuvo claro que no era Mandela, era el Pepe.

> *Pepe Mujica es un veterano, un viejo que tiene unos cuantos años de cárcel, de tiros en el lomo, un tipo que se ha equivocado mucho, como su generación, medio terco, porfiado, y que trata hasta donde puede de ser coherente con lo que piensa, todos los días del año y todos los años de la vida. Y que se siente muy feliz, entre otras razones, por contribuir a representar humildemente a quienes no están, y deberían estar.* (1997)

La figura de Mandela le ha servido para espantar cualquier halo de heroicidad o mitificación sobre su persona. Muchas veces lo han comparado con el líder sudafricano, que salió de la cárcel sin rencores hacia sus represores y con la voluntad de integrarlos a la vida política sin apartheid. La ironía sobre sus propios méritos es uno de los recursos que más utiliza para bajarse del pedestal.

> *Mandela se bancó casi veintiocho años de cana (prisión) y yo catorce nada más. Mandela juega en otra liga.* (2013)

El muchacho de barrio volvió al lugar que lo vio crecer y a la profesión que aprendió de niño. La misma casa donde se instaló con Lucía fue la residencia que ocupó como presidente veinte años después. Su austeridad y ética de ácrata es un compromiso personal con los valores antimaterialistas del capitalismo. Sin promover el pobrismo, vive con poco porque no necesita nada más. En una entrevista le preguntaron a su mujer sobre cómo hacía para sobrellevar una vida tan austera. Ella respondió que toda la vida habían vivido así, porque era así como pensaban.

> *Es bueno vivir como se piensa porque, de lo contrario, pensarás como vives.* (2014)

Pero también asume la visión pragmática del agricultor que se ocupa de la tierra y las semillas: hoy pensando en el mañana de la siembra. Vivir anclado en los agravios del pasado no sacará la cosecha adelante.

> *La mochila de los recuerdos se carga atrás y se camina hacia adelante. Porque de lo contrario no se puede vivir. El libro de mis cuentas pendientes, ese yo lo perdí.* (2013)

La importancia del pasto

La integración de Tupamaros en el Frente Amplio fue un proceso lento, ya que había que convencer a propios y extraños de los beneficios de la unidad. En la izquierda se debatía volver a los postulados tradicionales, como la reforma agraria o la estatización de la banca, o asumir posturas más moderadas, cercanas a la socialdemocracia. Mujica planteó desde un primer momento una visión pragmática que tenía en cuenta las dificultades del país para asumir cambios profundos.

Su amigo Eleuterio Fernández Huidobro recuerda que «Pepe siempre fue pragmático. Estaban los teóricos, que para hacer una cosa la complican, y estaba Pepe, que venía de trabajar la tierra. Como dice el aforismo, el Pepe piensa como Aristóteles, pero habla como Juan Pueblo» (2011).

El sistema electoral uruguayo, organizado por lemas, permite a cada partido sumar las candidaturas de diferentes políticos que se adhieren a una misma fuerza. Los tupamaros se integraron en el Movimiento de

Participación Popular y fueron aceptados en el Frente en 1989. Los viejos dirigentes acordaron que de momento no se postularían a cargos políticos y dejaron la opción a aquellos que no estuvieran tan comprometidos con el pasado reciente.

En 1994, casi diez años después de su excarcelación, se presentó como candidato a diputado y accedió a una banca en el congreso. Empezaba una nueva vida en la que el guerrillero dejaba paso al político cuya principal arma era la palabra. Ejerció como diputado en el Frente Amplio desde 1995 al 2000 y aplicó su hoja de ruta de «vivir como se piensa». El primer día que se presentó al congreso, la guardia de seguridad no lo quería dejar entrar. Su indumentaria y aspecto, de chacarero en ropa de fajina, distaba mucho de los cánones con que se manejan sus excelencias.

> *Yo reivindico mi derecho a ponerme lo que se me antoja sin molestar a los demás.* (1998)

Su primer discurso en el recinto fue antológico. El Parlamento atendió en silencio la exposición de más de una hora en la que realizó una apología del pasto, al que definía como el petróleo del Uruguay. Su intervención, «Pastos, ganados y hombres por una política nacional», para algunos era una excentricidad, pero en realidad estaba dirigida a la gente del campo, al Uruguay profundo, al que en los próximos años dedicó especial atención. Pocos podían sospechar que este sexagenario al que tenían por medio loco terminaría siendo ministro de Agricultura y Ganadería. Y que, más adelante, sustentaría su candidatura a la presidencia en su buena relación con la gente de campo.

La irrupción del Frente Amplio transformó la política uruguaya, dominada tradicionalmente por el bipartidismo. En las elecciones de 1999 fue la segunda fuerza más votada para la presidencia. En este momento, siguiendo la estrategia de Lula en Brasil, el Frente se propuso ampliar su apoyo electoral en una coalición con otras agrupaciones políticas. También crecía la ascendencia de Mujica, candidato a senador por Montevideo, que triplicó los votos de la elección anterior y aparecía como un referente destacado del Frente.

La aguda crisis económica del año 2002 dejó al país en recesión económica, con el sistema financiero quebrado y con el paro y la pobreza desbocados. Lejos de tensar la cuerda para propiciar un cambio de sistema, las consignas de los sesenta «mientras peor, mejor», Mujica apoya medidas moderadas para enfriar los ánimos. Concretamente, se opusieron a una medida muy sentida por los partidos de izquierda, como gravar las rentas de los depósitos bancarios. Si las cosas iban a peor, sería peor para todos y el futuro sería ingobernable. Y en el Frente se preparaban para gobernar.

Así como al salir de la cárcel aparece un nuevo Mujica que intenta comprender y adaptarse a la situación que vive el país, en su papel de político vuelve a reinventarse. Debe dar respuestas a los continuos cambios y necesidades sociales, pensar alternativas viables para ganar las elecciones, moverse con la astucia de un zorro para no caer en las múltiples trampas de la política. La gente no lo seguirá votando por ser un mito del pasado, ya que «las credenciales del pasado envejecen y deben ser renovadas».

El senador Mujica multiplica sus apariciones en los medios para hablar de la crisis. Su estilo directo y desenfadado lo transforma en un dirigente muy popular y con gran llegada a los sectores más populares. El Mujica comunicador y mediático utiliza un recurso infrecuente en la clase política: decir lo que piensa. Y, muchas veces, la incontinencia verbal le acarreará no pocos problemas.

Al fin y al cabo, lo más cómodo en la vida es la verdad. Lo que es, hay que reconocerlo. (2013)

El Asado del Pepe

El 30 de octubre de 2004 el Frente Amplio ganó las elecciones y Tabaré Vázquez fue designado presidente de la República. Le tomó juramento el senador más antiguo, José Mujica, que a la sazón había sido reelegido como senador por la lista más votada de su partido. A partir de este momento fue presidente del Senado y de la Asamblea Nacional, y se transformó en la tercera autoridad del país. En diputados, la tupamara Norma Castro fue designada presidenta de la Cámara. El largo camino que trazara Mujica en el Platense Patín Club estaba dando sus frutos.

El 1 de marzo de 2005 lo nombraron ministro de Ganadería, Agricultura y Pesca, un área que aportaba cuatro quintas partes de las exportaciones nacionales. Anunció que solo estaría unos meses en el cargo y que designaría como subsecretario a un especialista que, de hecho, cumpliría la misión de ministro. Sin embargo, se mantuvo hasta el año 2008, cuando renunció y asumió su cargo de senador.

La etapa como ministro coincidió con un período

de bonanza en los precios internacionales de los productos agropecuarios. El agro se transformó en la locomotora de la economía y dejó atrás el periodo de recesión. Las exportaciones de carne experimentaron un fuerte crecimiento en este período por una inteligente penetración en los mercados asiáticos. Mujica se apuntó un tanto de popularidad: que los ganaderos rebajaran los precios de los cortes de carne más consumidos por los uruguayos. La medida, bienvenida por la población, adquirió la denominación popular del Asado del Pepe.

Cumplió su función de ministro como un operador político que recorría el país en un diálogo permanente con las organizaciones agrarias. Fascinado con el modelo de producción neozelandés, de país «agrointeligente» y exportador eficiente, su sentido pragmático lo llevaba a sostener herejías ideológicas, como aceptar las bondades de libre comercio o pensar en un capitalismo en serio.

Uruguay necesitaba vender sus productos al resto del mundo y no había que tenerle miedo a la libertad de comercio en un país con ventajas comparativas apreciables en el agro. Sin embargo, planteó serias dudas al proyecto del ministro de Economía, Astori, de firmar el Tratado de Libre Comercio con Estados Unidos, muy cuestionado por los sectores de izquierda. Mujica no disimulaba las diferencias con el poderoso ministro de Economía y alguna vez se quejó de que los Harvard, en alusión a la formación del *staff* del ministro, le habían ganado la batalla para definir la orientación del Gobierno.

Tampoco había que tener miedo de hablar de un «capitalismo en serio», porque reconocía que los empresarios son fundamentales en la multiplicación de la riqueza. Aunque filosóficamente no estuviera de acuerdo con el capitalismo, era necesario entender que la «realidad se mueve así». Por lo tanto, el capitalismo debe funcionar lo mejor posible, aunque se pueda construir algo mejor en el futuro, un socialismo autogestionario y participativo. Ante estos posicionamientos empezaban a llover las críticas de la izquierda más radical.

En 2006 el exdirigente tupamaro Jorge Zabalza le preguntaba en una carta abierta hasta qué punto Harvard le había «ganado la cabeza». Le recriminaba que «en Uruguay ya existe la riqueza, hay mucha torta para repartir, pero se la comen los leones», y finalmente lo cuestionaba por haber perdido el horizonte revolucionario y haberse transformado en un «operador político» que acepta la explotación capitalista.

El ministro respondía a estos grupos, a quienes respetaba, que les había faltado leer algunos diarios de los últimos cuarenta años, sobre todo desde que cayó el muro de Berlín.

> *Tengo una visión socializante. Me choca horriblemente la explotación del hombre por el hombre y la combato. Pero el problema es que, si no hay mucho para repartir, no hay condiciones para el socialismo. Entonces, ahora soy consciente que para llegar a ese sueño hay que lograr que esta sociedad funcione.* (2007)

La valoración que ha hecho de su gestión como ministro sigue en la línea de la verdad descarnada. Más que una gestión de éxitos, siempre remarca dos grandes fracasos. El primero, no haber logrado una expansión del territorio para la producción lechera. Cuando asumió el cargo, tenía grandes esperanzas en este proyecto, porque veía enormes ventajas por el gran rendimiento de la producción de lácteos. Pero le faltó poder de convencimiento para impulsar esta iniciativa en momentos en los que la lechería compite por tierras con la agricultura, que puede pagar mejores precios.

El segundo fracaso fue la lucha contra la burocracia. Sus críticas continuas al mal funcionamiento del Estado, con exceso de funcionarios poco productivos y una maquinaria que hacía todo muy difícil, forman parte de ese lado oscuro de la uruguayidad contra la que siempre ha despotricado. Fracasó la reforma del Estado del presidente Vázquez y la que intentó en su propio ministerio.

> *La burocracia demostró ser peor que la burguesía, porque al menos la burguesía tiene un impulso creador, aunque sea para chuparte el hígado; la burocracia vive de lo que crearon otros; los uruguayos se burocratizaron, que llenaron de gente las propiedades del Estado, que tenían un teatro (el Solís) con un empleado para subir el telón y otro para bajarlo.* (2012)

El chacarero le gana a Harvard

En el año 1995, poco después de que lo hubieran elegido diputado, un periodista le preguntó si en algún momento se veía como presidente. «Tengo menos posibilidades que el cinco de oros», respondió sentado en un bidón de combustible de su chacra de Rincón del Cerro. Una década después su nombre figuraba en todas las quinielas como posible candidato a la presidencia. Su popularidad y el peso específico del MPP, la principal fuerza del Frente que lo apoyaba, justificaban esta hipótesis. Sin embargo, él seguía negando cualquier aspiración a suceder al presidente Vázquez. Una de las razones que esgrimía era su edad avanzada y su estado de salud, que lo tuvo postrado durante meses.

No escondía sus discrepancias con el Gobierno, especialmente con el ministro de Economía, Astori, que se perfilaba como candidato a la presidencia con el apoyo del propio Tabaré Vázquez. Algunos han visto que su retirada del Gobierno como ministro y las distancias que marcaba con Astori eran parte de una estrategia para posicionarse como candidato en las futuras elecciones presidenciales.

Los sectores más izquierdistas del Frente veían con desconfianza el ascenso de Astori, un político de perfil tecnocrático que, en su momento, fue el impulsor del Tratado de Libre Comercio entre Uruguay y Estados Unidos. Mujica, en cambio, representaba una alternativa más popular y cercana al sentimiento de la izquierda. Estos sectores, entre los que estaba el Partido Comunista uruguayo, fueron los que apoyaron su postulación como precandidato en las internas del Frente.

Para Julio Marenales, de la vieja guardia tupamara, los apoyos de Mujica eran tres: «El de nuestras espaldas, porque en el Movimiento lo hemos sostenido como hemos podido. El de su propia historia, porque Pepe viene de trabajar la tierra y nunca sintió la bota del patrón arriba, siempre trabajó más o menos por cuenta propia. Y el de los de abajo. Fueron ellos los que lo llevaron a la presidencia. Por eso el Pepe tiene un gran compromiso con la gente humilde. Y tenemos que ayudarlo a que lo cumpla» (2011).

El Congreso Extraordinario Zelmar Michelini del 13 y 14 de diciembre de 2008 lo proclamó candidato a la presidencia junto a Danilo Astori y Marcos Carámbula. En la elección interna, su lista fue la más votada, lo que lo transformó en el candidato del Frente para las elecciones a la presidencia de junio de 2009.

En el resto del mundo no pasó desapercibida la posibilidad de que un exguerrillero llegara a la presidencia del Uruguay. *The New York Times*, como otros medios influyentes, se interrogaban sobre los pasos que daría un dirigente con su pasado, que no ocultaba sus simpatías con la Venezuela de Chávez o la Cuba de Fidel.

Para contener estas alarmas y tranquilizar a los mercados, Mujica acordó con Astori que este lo acompañaría como vicepresidente y que mantendría bajo su control el área de economía. Esta alianza provocaría los primeros remezones de su Gobierno, ya que sus aliados, como los comunistas, quedaron desplazados del centro de las decisiones.

Presidente nabo

En la campaña electoral retocó su imagen con un nuevo corte de pelo y comenzó a utilizar trajes, aunque nunca corbata, siguiendo los consejos de su amigo Lula, que había perdido tres elecciones sin traje y en «la cuarta me lo puse y gané». El presidente brasileño pasó a ser la referencia principal de su campaña como el modelo de Gobierno para Uruguay. A pesar de estos esfuerzos, fue una campaña muy dura en la que los opositores hicieron aflorar los miedos del pasado, resaltando todos los puntos débiles que nunca escondió Mujica.

Uno de estos, su incontinencia verbal, hizo tambalear los esfuerzos de publicistas y asesores de imagen. A solo un mes de las elecciones apareció la publicación del libro *Pepe. Coloquios*, que transcribía una serie de entrevistas que le había hecho el periodista argentino Alfredo García. Un Mujica en estado puro, descarnado, polémico y plagado de comentarios cáusticos aun con gente de su propio entorno.

Algunas frases que han engrosado su collar de perlas brutalmente francas son sobre su compañero de fórmula, Astori, a quien critica por mantener su sueldo de senador, que era más alto que cuando fue ministro de Economía, «y yo no quiero hablar porque, si entro a hablar, se arma lío. Vas de ministro y cobrás el sueldo de senador». También criticó a la «barrita del presidente», su equipo de seguridad, «que se mata por ir a todos lados porque se chupan los viáticos. La lucha es por los viajes, ¿entendés? Quieren viajar y quieren perpetuarse». A los aliados del Partido Socialista los acusa de «ser una máquina de conseguir puestos. ¿Qué tiene que ver con la historia del Partido Socialista?».

Tampoco fue muy diplomático en temas internacionales. A la Argentina, que «no es un pueblo de tarados» ni «una república bananera», la acusó de tener «reacciones de histéricos, de locos, de paranoicos». De sus gobernantes, los Kirchner, dijo que «son el mejor Gobierno de la izquierda, pero se comportan como peronistas patoteros».

Sobre la Cuba de su amigo Fidel, que «se cae a pedazos, se cae de vejez», y su prensa controlada por el Estado, «no se puede leer, es irresistible. No se puede leer por aburrimiento». A su amigo Chávez, cuenta que le dijo: «Mirá que vos no construís ningún socialismo con esto. Lo que va a quedar a favor acá en Venezuela es que van a tener mejor casa, van a comer más y vas a hacer una reforma decente. Pero por este camino no creás ningún socialismo».

Pasa revista a temas nacionales y se pregunta para

qué tenemos esta Fuerza Aérea y propone: «La Fuerza Aérea tendría que ser de cien tipos: kamikazes. Ochenta kamikazes y veinte mecánicos, eso tendría que ser, y con unos avioncitos como la gente. Para patrullar ríos, la costa, para bajar a los contrabandistas a tiros, para vigilancia. Pero no una bruta Fuerza Aérea, que es peatonal».

Sobre las ONG, que son «una infección» que se llevan la militancia de izquierda, son inconformistas pero «la tiran lindo, no laburan mucho, hacen muchos encuentros, son especialistas en bolsos, en lapiceras, te hacen informes, especialistas en informes».

La aparición del libro provocó un verdadero escándalo, con reacciones de indignación de sus propios aliados. Mujica respondió compungido desde su blog *Pepe tal cual es* y afirmó que nunca se es demasiado viejo para aprender. «En estos días estoy tomando dos cursos acelerados: el primero es para aprender a callarme la boca un poco más [...]. El segundo es para no ser tan nabo (poco inteligente)», por haberse dejado engañar en su buena fe por un periodista que transcribió estas conversaciones *off the record*, ya que «todos somos malos en el mundo en privado y en confianza».

También ha dicho, entre presuntuoso y sincero: «Yo soy de los que se equivocan. Meto la pata por excesivamente sincero. Pero ¡no tengo precio!».

Pero estos contratiempos no impidieron que en la segunda vuelta Mujica se impusiera a su exvecino de barrio Luis Lacalle y se transformara en el presidente más votado de la historia del Uruguay. Antes de asumir el cargo ya había decidido que seguiría viviendo en la chacra de Rincón del Cerro, lo que obligó a realizar algunos acondicionamientos para garantizar un mínimo de seguridad.

Cuando le destacaban con asombro que siendo presidente viviera en una casa tan pequeña y precaria, apelaba a un ejemplo desmitificador y señalaba que la ventaja de que la casa fuera tan pequeña era que entre él y su señora le pasaban la escoba y la arreglaban en un relámpago. Además, si viviera más gente, él no podría levantarse en calzoncillos por las noches para ir al baño...

Su segundo compromiso personal fue que donaría la mayor parte de su sueldo como presidente a alguna entidad. Con el sueldo de su mujer y una parte del suyo destinado a mantener a su hermana esquizofrénica internada en un hospital, tenía suficiente para vivir. Comenzaba la historia del presidente más pobre del mundo.

Como te digo una cosa, te digo la otra

La asunción del cargo de presidente del Gobierno respondió a las expectativas que se habían creado: austeridad, emotividad y un gran calor popular. Ese día pronunció dos discursos, uno más formal ante la Asamblea Nacional y otro más emotivo en la plaza de la Independencia ante miles de uruguayos. En el primero comenzó por definir una declaración formal de intenciones en la que se proponía «gobernar para generar transformaciones hacia el largo plazo; es más que nada crear las condiciones para gobernar treinta años con políticas de Estado».

Para alcanzar este objetivo, el país necesitaba políticas de Estado a través de acuerdos con los principales partidos de la oposición, donde todos podrían aportar sus capacidades. Su Gobierno sería «más de lo mismo» y, para disipar temores que había despertado su candidatura, aclaraba que serían ortodoxos en la economía, aunque serían heterodoxos, innovadores y atrevidos en otros temas.

Anunció que los cuatro ejes que definirían su acción de gobierno serían educación, energía, medio ambiente y seguridad: «Subrayado: educación, educación, educación. Y otra vez, educación. Los gobernantes deberíamos ser obligados todas las mañanas a llenar planas, como en la escuela, escribiendo cien veces: "Debo ocuparme de la educación"».

Dedicó un capítulo especial al agro, su pasión, remarcando la ecuación agrointeligencia que había planteado como ministro. La idea era emular la cooperación entre universidades y productores agropecuarios que caracteriza el modelo neozelandés.

> *Queremos que la tierra nos dé uno. Y a ese uno, agregarle diez de trabajo inteligente. Para al final tener un valor de once, verdadero, competitivo, exportable. No vamos a inventar nada, vamos con humildad detrás del ejemplo de otros países pequeños, como Nueva Zelanda o Dinamarca. Si el país fuera una ecuación, diría que la fórmula a intentar es: agro + inteligencia + turismo + logística regional. Y punto. Esta es nuestra gran ilusión. A mi juicio, la única gran ilusión disponible para el país.*

Por supuesto, una página especial para la reforma del Estado, la madre de todas las reformas, como había anunciado el presidente Vázquez. Proponía tomar el toro por los cuernos y hacer una revisión profunda. También planteó como un objetivo primordial de su Administración la eliminación de la indigencia y la reducción de la pobreza en un 50 por ciento.

También habló del problema de la seguridad, preocupante por el crecimiento de la delincuencia organizada; de su vocación por los sectores más humildes, hacia los que anunció políticas de vivienda social; tuvo palabras conciliadoras y de integración con las fuerzas armadas; y, a nivel internacional, se centró en el Mercosur: «Ay, Mercosur. ¡Cuánto amor y cuánto enojo nos suscita!», pero apostó por la región «hasta que la muerte nos separe».

Después se dio un baño de multitudes en la plaza que lo aclamaba y habló «sin parafernalia» y repitiendo en un lenguaje popular sus anuncios en la Asamblea. Tuvo una mención especial para su vicepresidente, un «repuesto necesario y pronto» por si la biología lo traicionaba. La otra mención fue para un amigo de militancia de más de cuarenta años, pobre pero que jamás pidió un cargo. A él lo invitó a subir porque «no por estar arriba tu corazón y tu compromiso dejan de estar abajo». El mensaje final del presidente filósofo se dirigió al pueblo, porque «nada cambia, si no cambiás vos. El sujeto del cambio sos vos, pueblo querido, contigo cambiamos o contigo sucumbimos».

Aunque intentó cumplir con esta hoja de ruta, su Gobierno no destacaría por grandes logros en los ejes estratégicos. Algunos de estos temas se volvieron verdaderos dolores de cabeza y él mismo los calificó como grandes fracasos. En cambio, fueron las atrevidas e innovadoras actuaciones en otros ámbitos las que le darían fama. Y, sobre todo, fue su sello personal el que marcó un estilo de gobierno que dio a Uruguay una proyección internacional nunca conocida.

Las cosas domésticas

Después de tocar el cielo con las manos el día en que asumió el cargo, empezarían, como él mismo afirmó, los «días cansinos del trabajo, el camino del Purgatorio». Aunque fue el primer presidente de la democracia sin un título universitario, su larga trayectoria como dirigente político y sus años de experiencia como legislador y ministro eran un aval más que suficiente para que no se dudara de sus aptitudes. Sin embargo, muchos lo ponían en duda.

Ernesto Agazzi, extupamaro y militante del MPP, que lo conocía bien de la época en que fue su subsecretario en el Ministerio de Ganadería, se pronunció en el 2008 con un juicio lapidario sobre su exjefe: «Yo creo que Mujica puede ayudar a ganar las elecciones, pero no creo que sea su especialidad ni su formación la de dirigir la gestión del Estado. Su fortaleza no es organizar la gestión, sino entender y llegar al corazón de la gente. No sé qué papel cumplirá en el próximo Gobierno, pero será importante, porque es generador de ideas y constructor. Así como es absolutamente anarquista, contrario a las fórmulas preconcebidas, también construye alternativas que nadie vio, es creativo y capaz de llegar al corazón». La oposición había utilizado estos y otros argumentos mucho más crueles, hasta poniendo en duda sus facultades mentales, como cuando se divulgó el libro *Pepe. Coloquios*.

Sin embargo, nadie ponía en cuestión su temple de animal político para sortear las maquinaciones del poder o su gran capacidad de comunicación, que es un requisito imprescindible para ejercer un cargo tan expuesto públicamente. Pero, aunque las predicciones de Agazzi no se cumplieran, resultaba difícil encajar un perfil «absolutamente anarquista» ejerciendo un cargo de máxima concentración del poder. En este sentido, Mujica nunca ha ocultado su incomodidad ante el sistema presidencialista que hace culto de la decisión y se ha mostrado partidario de los modelos parlamentarios más favorables a los consensos y a la negociación.

Para algunos analistas, este perfil libertario, unido a una personalidad desordenada, conciliadora y propensa a la improvisación, ha provocado marchas y contramarchas en la toma de decisiones que han desgastado al Gobierno. «Así como te digo una cosa, te digo la otra» es la frase manida con que califican su gestión los sectores más críticos. El «masomenismo» y el activismo, propio de los tupamaros, han impregnado una gestión caracterizada por instalar cada día un nuevo tema en la agenda.

> *Yo siempre digo que no he conocido una persona tan desordenada como Pepe.* (Lucía Topolansky, 2010)

Pero este problema no puede atribuirse solo a la personalidad del líder, ya que el Gobierno nació con tensiones internas motivadas por los acuerdos preelectorales. Aunque ganó por mayoría y no necesitaba pactos con otros partidos para gobernar, estaba obligado a pactar con las diferentes facciones del Frente Amplio. Entre estas destacaba el Frente Líber Seregni, liderado por Astori, que apadrinó el poderoso Ministerio de Economía y Finanzas. La preocupación de Mujica no era solo no controlar esta área, sino que Economía terminara controlando su Gobierno.

De todos modos, el pragmatismo de Mujica, su voluntad negociadora, «negociar, negociar y negociar, hasta que resulte insoportable», y su visión estratégica de los problemas han compensado estos déficits, como demuestran los logros de su gestión. En todo caso, el fracaso con que Mujica entona su *mea culpa* por no haber cumplido algunos objetivos estratégicos debe matizarse con la dificultad intrínseca de estos asuntos.

> *Mi modelo es Lula, porque usa esa metodología de ubicar en el centro la negociación política permanente [...]. Yo siempre voy a preferir negociar a llevarme el mundo por delante.* (2009)

Los fracasos

Más de una vez se ha escuchado decir a Mujica que un político tiene que tener honradez intelectual y reconocer que cuando «fracasa, fracasa». Los intentos de reformas del sistema educativo y del Estado son los dos casos en donde ha reconocido sus mayores fracasos.

En el primero, se planteó un pacto de Estado con acuerdos con partidos de la oposición, que terminó torpedeado por las pujas entre diferentes sectores y las dificultades del Gobierno para influir en un modelo de enseñanza gestionado de forma autónoma. Pero el problema fundamental era que el Frente Amplio no tenía una propuesta clara de qué hacer con la educación.

A pesar de los progresos en la universalización de la enseñanza y en temas concretos, como la enseñanza técnica o la construcción de nuevos centros, quedó la sensación de que se había avanzado poco en la materia. Los pobres resultados de los informes Pisa alimentaron una visión dramática del estado de la educación, que es una materia muy sensible en un país que ha presumido de un alto nivel educativo. «Fracasé», confesaba Mujica en una entrevista para la televisión española sobre su apuesta por descentralizar la enseñanza y fortalecer la formación técnica en el interior del país.

Esta sensación de que se hizo poco contrasta con el resultado de la gestión universitaria. Mujica siempre ha sido crítico con el funcionamiento de la universidad y el papel de los profesionales. Sus ácidas críticas a los «Harvard» de Astori o sus cuestionamientos a la «inteligencia guardada en los laboratorios» o a la autonomía de la universidad «cuando los chanchos (dineros) los pone el Estado» predisponían a la confrontación o marginación de estas materias en la agenda. Sin embargo, en su gobierno se creó una nueva universidad pública, la Universidad Tecnológica (UTEC), y se propuso la creación de otra, la Universidad de la Educación (UDE), que al final los partidos opositores rechazaron en el Parlamento. Este logro no era menor, teniendo en cuenta que en ciento sesenta y cinco años solo se había creado una universidad pública en Uruguay.

Respecto de la reforma del Estado, Mujica asumió con entusiasmo y ambición encarar una revolución para poner patas arriba la burocracia. Uruguay es conocido por la abundancia de empleados públicos y la ineficiencia de la gestión. La batalla se centró en el cambio de las condiciones laborales que lo enfrentó al sindicato (COFE). El plan elaborado por el Gobierno se basaba en la experiencia de Nueva Zelanda y proponía reformar integralmente la carrera administrativa, eliminar las viejas estructuras de rangos y establecer un sistema más dinámico, basado en una escala salarial centrada en la complejidad del trabajo desempeñado y la responsabilidad asociada, y no en la antigüedad.

Para Mujica, había que poner a trabajar a todos los empleados porque un «30 o 40 por ciento lo hacen todo y el resto hacen muy poco». La idea de que todos pueden ser «sustituibles» o la de que deben trabajar ocho horas diarias en lugar de las seis vigentes fueron duramente resistidas por el sindicato. Al fin se logró un nuevo estatuto del empleado público con tímidos cambios y se desarrollaron algunos programas para mejorar la eficiencia y la formación de los empleados. Pero estos logros estaban lejos de las aspiraciones iniciales.

La pesada página de la historia

La relación con los militares fue un tema estratégico que dejó en un hombre de su confianza, el ministro de Defensa, Fernández Huidobro. Uno de los problemas sin resolver era la violación de los derechos humanos por parte de la dictadura militar. Habían pasado más de veinte años desde que Sanguinetti pretendiera pasar página con la Ley de Amnistía para presos políticos y la denominada Ley de Caducidad, otra amnistía, para los militares y policías durante el periodo de facto.

El MLN-T estuvo de acuerdo con esta transición pactada, como quedó reflejado en el primer discurso de Mujica al salir de la cárcel. Sin embargo, no todos estaban de acuerdo con este pacto y diferentes organizaciones recurrieron la ley una y otra vez. Se convocaron dos plebiscitos, en 2007 y en 2009, para anularla, pero no alcanzaron el apoyo necesario.

En 2010 el Frente Amplio presentó un proyecto de ley interpretativo de la constitución para derogar dos artículos polémicos de esta ley. A Mujica se le planteaba un dilema, que era defender los acuerdos de 1986 y los resultados de los plebiscitos, o ceder a una fuerte presión a nivel interno e internacional para castigar los delitos de lesa humanidad.

Mujica se inclinaba por dejar las cosas como estaban y apelaba a su polémica definición de que «toda forma de justicia es una transacción con la necesidad de venganza». Y la venganza no ayudaba a la reconciliación.

Aunque en un primer momento apoyó la propuesta de ley del Frente Amplio, después cambió de postura e intercedió de forma decisiva en el Senado para bloquear su tratamiento. En el año 2011 un fallo de la Corte Interamericana de Derechos Humanos condenó al Estado uruguayo a revisar la Ley de Caducidad en aquellos aspectos que impedían la investigación y el juicio a los delitos de lesa humanidad. Ante esta nueva situación, el Parlamento aprobó la derogación de la Ley de Caducidad, que el presidente Mujica promulgó rápidamente.

La agenda atrevida

Entre los años 2012 y 2013 su Gobierno promovió un conjunto de medidas que situaron de nuevo a Uruguay en la vanguardia de las regulaciones a nivel continental. Estas medidas fueron la legalización regulada y controlada de la marihuana, la ley de interrupción voluntaria del embarazo y la legalización del matrimonio igualitario. Además de estas medidas en su gestión, se avanzó en la redacción de una ley de medios de comunicación que sustituía a la antigua ley de la dictadura. Aunque este proyecto largamente debatido contaba con los votos necesarios para su aprobación y el apoyo de organizaciones internacionales, por petición expresa del candidato a presidente Tabaré Vázquez se postergó su tratamiento hasta después de las elecciones.

Estas medidas, que no estaban previstas en la hoja de ruta del nuevo Gobierno, terminaron adquiriendo tal peso y repercusión que seguramente serán de los actos que más se recuerden de esta gestión. En las medidas más controvertidas, como el aborto o las drogas, con las que no está de acuerdo, ha aplicado de forma pragmática «un principio muy simple: reconocer los hechos».

El anuncio de la legalización de la marihuana fue sorpresivo, ya que no se ajustaba a la línea de pensamiento del viejo tupamaro. En diferentes entrevistas, Mujica se había explayado sobre el problema de las adicciones con comentarios polémicos sobre los adictos que no se avinieran a un tratamiento, como «agarrarlo del forro y meterlo en una colonia para sacarle el vicio a prepo». Estas ideas, muy de la calle, pero desaconsejadas por especialistas, no tuvieron apoyo ni en las propias filas del Frente. En cambio, la legalización de la marihuana era una opción que había ganado importantes apoyos en las fuerzas políticas y sociales uruguayas. Sin embargo, tratándose de un asunto tan delicado y con tantos detractores, nadie esperaba que a corto plazo pudiera llevarse a cabo.

El ministro del Interior, Fernández Huidobro, un tupamaro de la vieja guardia, se encargó de hacer el anuncio de una medida concebida como una prueba piloto, dadas las escasas experiencias mundiales. La ley establece un sistema regulado por el Estado para la comercialización, los límites de compra, el autoconsumo, la publicidad y otras medidas de control.

La aprobación de la ley fue quizá la medida que tuvo un mayor impacto mediático a nivel mundial y que sumó más apoyos que rechazos. Ha sido una materia obligada de consulta de las múltiples entrevistas que Mujica ha dado en los últimos años. Fiel a su estilo directo y de frases contundentes, reconoce que la única adicción que acepta es la del amor. Y si «para ser libre yo tengo que tomar una droga, estoy frito. La libertad la tengo acá o no la tengo». Y defiende la aplicación de esta ley para atacar otro problema más profundo: el narcotráfico.

> *El problema no es la marihuana, que es una plaga como toda adicción. El problema que hay detrás es el narcotráfico. Defendemos que se haga cargo el Estado [...]. El problema es robarle el mercado al narcotráfico como mejor manera de combatirlo; la otra opción es lo que pasa, les encontramos un cargamento (...) Les ganamos un montón de batallas y, al final, nos ganan la guerra. Yo no sé si lo que nosotros planteamos puede contribuir a solucionar el problema. Lo que tengo claro es que cien años persiguiendo la drogadicción no dan resultado.* (2013)

La Ley de Despenalización del Aborto, en cambio, tenía una trayectoria de debates y tramitaciones legislativas muy amplia. El presidente Batlle había promovido una ley que el Parlamento rechazó con los votos en contra, entre otros, de los senadores Mujica y Fernández Huidobro. Durante el gobierno de Vázquez, el Parlamento aprobó una ley que finalmente el presidente vetó. Por último, la ley aprobada durante el gobierno de Mujica tuvo que sortear un último escollo cuando los grupos antiaborto promovieron un plebiscito que no alcanzó los apoyos suficientes.

Pero ¿quién va a estar a favor del aborto como principio? [...]. Pero hay un cuadro de mujeres que se ven en la amargura de tener que tomar esa decisión contra viento y marea [...] y toman decisiones más allá de las discusiones que puedan tener los políticos o los filósofos. Yo creo que reconocer la existencia de ese hecho, ponerlo arriba de la mesa legalizándolo, nos da la oportunidad de poder obrar persuasivamente sobre la decisión de esas mujeres, y si hay una cuestión económica, una cuestión de soledad, una cuestión de angustia, los hechos nos demuestran que muchas mujeres retroceden y se pueden salvar más vidas. Lo otro es dejarlas aisladas en medio de su drama, me parece que es hipócrita. (2013)

La Ley de Matrimonio Igualitario fue la que concitó más consensos en la sociedad. Una ley similar aprobada poco antes en Argentina, las propias tradiciones liberales de los partidos uruguayos y el peso de diferentes movimientos sociales facilitaron su tratamiento.

El matrimonio gay, por favor, es más viejo que el mundo. Tuvimos a Julio César, Alejandro el Grande. Dicen que es moderno y es más antiguo que todos nosotros. Es una realidad objetiva. Existe. No legalizarlo sería torturar a las personas inútilmente. (2014)

Al estribo de Brasil

La política internacional ha sido uno de los puntos fuertes de la gestión de Mujica. Este éxito tiene mucho que ver con la proyección de su propia figura, que ha concitado interés y admiración en todo el mundo. Sin embargo, los asuntos internacionales no aparecían entre las prioridades de su Gobierno con excepción del conflicto con la Argentina por la instalación de una planta procesadora de celulosa en la ciudad uruguaya fronteriza de Fray Bentos.

Los lineamientos de la política exterior, conducida por un diplomático de carrera, se centraban en el respeto a los derechos humanos, la autodeterminación, la no injerencia en los asuntos internos de otros Estados, el respeto al medio ambiente y la integración.

En su discurso de asunción, Mujica había anunciado que la prioridad era el Mercosur. En su «Ay, Mercosur» dejó entrever las frustraciones de un país pequeño ante una institución regional controlada por los dos vecinos más poderosos. Alejado de los protocolos o la «parafernalia» de un acto oficial, se había mostrado más descarnado y práctico en entrevistas donde manifestaba que el Mercosur «no sirve para un carajo», y que lo que se tiene que hacer es «negociar con Estados Unidos, con Irán, con Libia y con el que se ponga».

Como ministro de Ganadería, ya se había manifestado contra cualquier tabú que limitara la posibilidad de comerciar con quien más conviniera. Decía que, en lugar de embajadas, que no servían para nada, esos edificios serían más útiles como «parrilladas uruguayas» en las que el mundo conociera las maravillas de la carne uruguaya. Para atraer inversiones externas, otro tema en el que había que evitar los tabúes, era necesario dar un mensaje muy claro al mundo de que en Uruguay se garantizaba la seguridad jurídica de las inversiones.

> *Mi país es pequeño y está en una esquina importante. Si es por el mercado, van a otros que son más grandes, entonces nosotros tenemos que jugar la carta de la seriedad, de la seguridad, porque en el mundo no solo se busca ganancia, se busca también seguridad.* (2013)

El realismo de su política exterior se evidencia en la relación fluida y cordial con Estados Unidos. A pesar de que siempre ha afirmado que «lo mejor que ha hecho Estados Unidos en América Latina es cuando no se ha metido», ha recibido elogios de los máximos mandatarios, desde Bush padre hasta Obama. En 2013 sorprendió al mundo con el anuncio de negociaciones para recibir a los presos islamistas que tiene Estados Unidos en Guantánamo.

> *Si [los prisioneros] quieren hacer nido y trabajar en el país, que se queden en el país. Vienen como refugiados y el Uruguay les da un lugar si quieren traer a la familia y todo lo demás.* (2013)

Su relación personal y las coincidencias ideológicas con diferentes presidentes latinoamericanos lo convirtieron en el interlocutor privilegiado de estas relaciones. Él se ocuparía del barrio, América Latina, «y del resto te ocupas tú», le dijo a su ministro de Exteriores. Y el preferido del barrio fue Brasil, no solo por la simpatía y afinidad con Lula, sino también porque reconocía de forma pragmática que Brasil era el líder regional y una potencia en ascenso a nivel mundial.

En 2011, utilizó una de sus metáforas para señalar que «Uruguay debe subirse al estribo de Brasil y dejarse liderar por los brasileños». Algunos han criticado este seguidismo a Brasil, que deja sin capacidad de maniobra a un país que nunca ha tenido una política internacional sólida. Un ejemplo de este «seguidismo» fue la inclusión de Venezuela en el Mercosur.

La solicitud de Venezuela para ingresar en el Mercosur estuvo mucho tiempo bloqueada por el Parlamento paraguayo, que no autorizaba este ingreso. Cuando este Parlamento destituyó de forma polémica al presidente Fernando Lugo, el Mercosur suspendió la participación del Paraguay como miembro de este. Brasil aprovechó ese momento para promover el ingreso de Venezuela.

La cancillería uruguaya se resistía a esta medida y contaba con el apoyo del presidente, porque cuestionaba los fundamentos jurídicos de esta decisión. Mujica cambió de opinión en una reunión personal con la presidenta de Brasil, Dilma Rousseff, y el Mercosur abrió la puerta a Venezuela. Cuando los periodistas le preguntaron por este cambio de posición, Mujica respondió con una frase típica del realismo político, que despertaría polémica en el futuro:

> *A veces los argumentos políticos están por encima de los jurídicos.*

Esta disposición a ser funcional en las estrategias de Brasil no restaba importancia a las relaciones con el vecino del otro lado del Río de la Plata. La historia de estado tapón entre dos gigantes o, como lo definía el diplomático inglés John Ponsonby, «un algodón entre dos cristales», ha sido decisiva en el oscilante equilibrio de sus relaciones entre Brasil y Argentina.

En términos de Mujica, la relación se explicaba de esta manera: «Para conseguir algo de Argentina hay que recostarse un poco en Brasil, es como la vieja ley del péndulo».

Los primos rioplatenses

Las relaciones entre Uruguay y Argentina, y, sobre todo, con la ciudad de Buenos Aires, son vínculos muy profundos que se remontan al nacimiento de ambos países. Por historia, cultura y relaciones permanentes estos lazos son como los que mantienen primos hermanos muy parecidos y donde no faltan las riñas. Esas riñas a veces producen distanciamientos muy profundos que pueden durar años. Algo de esto pasó con el conflicto de las pasteras.

Este comienza en el año 2005 con la instalación de una planta de tratamiento de celulosa en Fray Bento, a la orilla del río Uruguay. Este río fronterizo está regulado por acuerdos bilaterales que definen, entre otras cosas, la gestión económica y medioambiental de su curso. En un principio el Gobierno argentino planteó objeciones más bien tímidas a este emprendimiento, que significaba una inversión económica multimillonaria de gran impacto en el país.

Pero la cosa cambió drásticamente cuando en la ciudad argentina de Gualeguaychú, lindante con Fray

Bentos, se organizó un movimiento de oposición muy virulento contra las pasteras. Durante meses, miles de vecinos y ecologistas interrumpieron el tránsito y cortaron el acceso al principal puente de comunicación con Uruguay. El Gobierno argentino fue endureciendo cada vez más su posición hasta que el caso terminó en el Tribunal Internacional de La Haya, que en 2010 determinó que la planta no contaminaba, pero que Uruguay no había informado debidamente a su vecino sobre los detalles de la construcción. Este proceso hizo que las relaciones entre ambos países se resintieran y sensibilizó especialmente el orgullo nacional de los uruguayos para enfrentarse a un adversario más poderoso.

Mujica, muy conocedor de la cultura argentina y asumiendo una visión pragmática de «estar condenados a entenderse» con su vecino, intentó mediar en el conflicto cuando era senador. Las visitas a la presidenta Kirchner en el año 2008 le generaron una lluvia de críticas en los medios de comunicación uruguayos. En 2009 se filtró la noticia de que los Kirchner podrían estar financiando su campaña a la presidencia, lo que generó más animosidad en su contra. En su presidencia las relaciones mejoraron y se selló un acuerdo en 2010. Pero la autorización para aumentar la producción de la planta volvió a provocar tensiones y réplicas de Argentina, esta vez en forma de sanciones con medidas proteccionistas para los productos uruguayos.

> *Tuve que tomar las medidas por los finlandeses. Nos estábamos jugando una fábrica que no es para mi go-*

bierno, será para 2017, pero es importante para Uruguay. Porque este es un país pequeño y una inversión de tres mil o cuatro mil millones de dólares ¡es mucha plata! Y, bueno, tengo la obligación de pelear por ello para mi país. Argentina, claro, estaba en período electoral y le cayó mal. (2014)

Filósofo mundial

Mujica es el político uruguayo que más bibliografía ha generado. La página oficial de la Presidencia de Uruguay dedicó un apartado especial a las extensas entrevistas que los medios de comunicación más importantes del mundo realizaron al presidente Mujica en los últimos años. Un mapa interactivo mostraba el interés global de una figura que ocupó páginas centrales o espacios televisivos destacados en países de todos los continentes. Sus apariciones en la CNN, *The Wall Street Journal*, *The Guardian*, *The Economist*, *Al Jazeera* o *Le Monde Diplomatique* mostraban que el interés por su figura trascendía las tendencias ideológicas de los medios.

Mujica se transformó en una estrella mediática que regalaba titulares y sorprendía por su estilo de vida, sus reflexiones filosóficas o actos de gobierno inéditos. Muchos reporteros del mundo desfilaron por su casa de Rincón del Cerro para conversar con un presidente que no tenía tapujos de mostrar la cama sin hacer o los platos sin lavar de su humilde morada. En España, por ejemplo, se registraron al menos diez reportajes en medios televisivos o gráficos que volvieron muy popular su figura.

El clima de corrupción de muchos países o la creciente desigualdad ante la opulencia de unos pocos ayudaron a destacar la ejemplaridad de su figura. El mundo necesitaba un poco de aire fresco y de buenas noticias ante el desánimo por las crisis económicas o la desafección de los ciudadanos con la clase política. Las redes sociales multiplicaron estos reportajes y los vídeos virales reprodujeron las salidas de tono de un presidente que no dudaba en calificar de «hijos de p...» a los dirigentes de la FIFA, o de «viejo careta» (hipócrita) a un funcionario de la ONU o expresarse sobre el matrimonio Kirchner de Argentina con la frase: «Esa vieja es peor que el tuerto. El tuerto era más político, esta es más terca».

Pero también Mujica ofreció una cara más seria y formal que tuvo sus puestas de largo en los discursos que pronunció en la Cumbre Mundial de Río 2012 y en la 68.ª Reunión de la Asamblea General de la ONU. Ambas presentaciones sintetizan un pensamiento de profunda raíz filosófica y expresan principios de vida respecto de la naturaleza humana y su relación con el mundo.

En la Cumbre de Río planteó como idea central que el «gran desafío es que la gran crisis no es ecológica, es política», ya que las fuerzas que «desataron los hombres son las que los están gobernando. La lucha que se debe dar es cultural para lograr otra manera de vivir que no sea gobernada por el mercado».

Esto implica revisar la manera de vivir desde un compromiso personal con determinados valores. Una de sus frases favoritas, que definen su propio estilo de vida, mostraba el camino de la lucha contra el hiperconsumo:

> *Pobre no es el que tiene poco, pobre es el que necesita infinitamente mucho y desea más y más, es una clave de carácter cultural. El primer elemento del medio ambiente es la felicidad humana.* (2012)

En la ONU planteó que, si el mundo no cambia de rumbo, la especie humana corre el riesgo de sucumbir. El desafío mentiroso del consumismo y el antivalor del enriquecimiento atentan contra la naturaleza y contra las relaciones humanas: el amor, la amistad, la familia y la solidaridad, así como contra el tiempo libre. «Parecería que nacimos solo para consumir, y cuando no podemos, cargamos con frustración, pobreza y autoexclusión [...]. Aturdidos, huimos de nuestra biología, que defiende a la vida misma, y la sustituimos por el consumismo funcional a la acumulación».

Apeló a recuperar el republicanismo de hombres iguales, en donde «nadie es más que nadie», con Gobiernos que deberían representar al bien común, la justicia y la equidad. Los Gobiernos no deberían olvidar estos principios y deberían «parecerse cada vez más a sus respectivos pueblos en la forma de vivir y de comprometerse con la vida».

Criticó el funcionamiento de las instituciones mundiales que «hoy vegetan a la sombra consentida de las disidencias de las grandes naciones, que quieren retener su cuota de poder y bloquean en los hechos a la ONU, que fue creada con una esperanza y con un sueño de paz para la humanidad». Y abogó por nuevas reglas globales con «un Gobierno para la humanidad que supere el individualismo y bregue por recrear cabezas políticas que acudan al camino de la ciencia y no solo a los intereses inmediatos que nos gobiernan y ahogan. Hay que entender que los indigentes del mundo son de la humanidad toda».

El realismo de un socialista libertario

«Olvídense de todo lo que escribí», dijo el ideólogo de la teoría de la dependencia, Fernando Henrique Cardoso, al asumir la presidencia de Brasil. Su Gobierno, de coalición de centroderecha, aplicó las políticas económicas de mercado que tanto criticaba en sus artículos académicos. Su sucesor, Lula, no solo cambió de vestimenta para que lo eligieran, sino que también cambió la radicalidad de su discurso. En la «Carta al pueblo brasileño», del 2002, dio garantías de que respetaría las reglas de juego vigentes y que su modelo sería un cambio negociado con todos los sectores. Mujica ha resumido con su cruda franqueza e ironía el destino de los sueños y utopías que tuvo su generación en los setenta:

> *Antes queríamos cambiar el mundo, ahora nos conformamos con arreglar nuestra vereda.* (2012)

El mensaje de la campaña electoral del Frente Amplio, «más de lo mismo», estaba dirigido a disipar cualquier temor o presunción de un cambio radical en la política económica. Su reafirmación constante de que el modelo económico a seguir era el de Lula y no el de sus amigos Chávez o Fidel Castro, significaba dejar en un cajón gran parte del legado marxista o libertario que siempre había defendido.

En la campaña se garantizó la continuidad del equipo de Gobierno y las políticas económicas del antecesor Tabaré Vázquez. Para Mujica estas políticas se resumen en la idea de alcanzar un «capitalismo en serio» basado en el presupuesto de «sociedades decentes» en lo económico para desarrollar al máximo las fuerzas productivas. Muchas veces ha manifestado que rechaza el consumismo, pero asume que es el motor de la economía y el crecimiento.

Aunque siga «teniendo los cuestionamientos para el capitalismo que tenía hace cuarenta años», su pragmatismo de reconocer los hechos como son lo ha llevado a aceptar la convivencia con reglas de juego que rechaza.

> *No se confundan. Yo no hago una apología de la pobreza ni llamo a quedarse quieto y volver a la época de las cavernas: [...] estoy en contra de la sociedad del despilfarro intelectualmente, pero soy gobernante y no puedo hacer un carajo, pero déjenme la libertad de decir lo que pienso.* (2012)

Por lo tanto, su misión como gobernante es «multiplicar la riqueza de mi pueblo, para que mi pueblo pueda gastar más y para que mi pueblo tenga acceso a los bienes producto del desarrollo de la ciencia y brindar los mejores servicios de salud y educación».

Estas ideas se traducen en políticas de fomento de las inversiones externas, seguridad jurídica para los inversores, fiscalidad moderada con un control estricto del gasto público, inversiones en grandes infraestructuras y desarrollo de proyectos energéticos.

La construcción de un puerto de aguas profundas, la aprobación de una nueva ley de minería que favorezca la explotación a cielo abierto en yacimientos de hierro, el impulso renovado a las industrias de celulosa son algunos de los resultados más emblemáticos de su gestión. También se ocupó de los más humildes a través del programa Juntos para la construcción de viviendas sociales o la ley para regular el trabajo de los peones rurales, que era una vieja reivindicación de la izquierda uruguaya.

Como balance de la gestión, el Banco Mundial ha calificado de bueno el desempeño económico del Uruguay, ya que su economía ha mantenido tasas de crecimiento altas, superiores a la media de la región, niveles de desempleo bajo, del 6,5 por ciento en su último año de gobierno y un alto nivel de igualdad de oportunidades en términos de acceso a servicios básicos: educación, agua potable, electricidad y saneamiento.

Por el buen desempeño económico con desarrollo social, la revista *The Economist* eligió a Uruguay como país del año 2013. Fiel a su estilo de no tomarse muy en serio a sí mismo, Mujica comentó este reconocimiento con un: «¡Qué mal que estarán los otros!».

El futuro

En las elecciones a la presidencia de octubre de 2014, el Frente Amplio fue la fuerza más votada, con el 48 por ciento de los votos frente al 31 por ciento de la segunda fuerza, el Partido Nacional. A pesar de no alcanzar la mayoría absoluta, se daba por descontado que Tabaré Vázquez sería elegido presidente con un Parlamento controlado mayoritariamente por las fuerzas del Frente.

Fue una campaña electoral dura, en la que los partidos de la oposición hicieron hincapié en los «fracasos» del Gobierno, sobre todo en educación y seguridad. El problema de la inseguridad es una de las cuestiones que más preocupan a los uruguayos a pesar de que, según estudios especializados, es el país más seguro de América Latina. Estos temas y otros que se plantearon en la campaña muestran que el electorado uruguayo se ha vuelto cada vez más exigente y reclama nuevas mejoras en el bienestar.

Sin embargo, el amplio triunfo electoral ha sido un respaldo a la gestión del veterano luchador social.

Sobre su futuro una vez le preguntaron qué papel tendrá cuando deje la presidencia, y él respondió: «El de todos los viejos. Dar consejos que nadie les da pelota» (importancia). Próximo a cumplir ochenta años Mujica, se presentó de nuevo como candidato a senador acompañado en segundo término de su mujer, Lucía. Una vez más, la lista 609 fue la más votada de todas.

Otra de las tareas que planifica para el futuro es adoptar niños, una que no pudo realizar en su juventud porque estaba «ocupado en cambiar el mundo». Piensa retomar un viejo proyecto que tenía con su mujer de dejar en sucesión sus tierras a los hijos de los pobres que quieran trabajar.

El día de la elección, llegó muy temprano a votar en su famoso escarabajo azul. De buen ánimo y rodeado por una multitud de seguidores que había ido solo a verlo, cerró la jornada electoral con una frase de su filosofía casera.

> *Habrá alguien que se sienta triunfador; otros, no tanto, y alguno que se sienta perdedor, pero, en realidad, frente a la vida nadie pierde.*

SEGUNDA PARTE

INSPIRACIONES CON MUJICA

1

Cuidemos la vida, tenemos toda la eternidad para no ser.

Esta afirmación que hizo el presidente Mujica en una entrevista realizada por Juan José Millás para *El País* en marzo de 2014 no es la única reflexión que el presidente uruguayo ha hecho sobre la importancia de sacarle provecho a la vida. «Yo estoy apurado porque se me va la vida», afirmó para la CNN ya en abril de 2012.

Pero no ha sido poco lo que ha logrado Mujica en el lapso transcurrido entre uno y otro comentario. Como muchos otros antes que él, ha sabido darse cuenta de que la vida hay que aprovecharla mientras se tiene, y sobre todo mientras se tiene bien: con salud, con fuerzas y con energía para dejar huella.

Ya en los inicios de la era cristiana, los filósofos instruían a sus discípulos sobre la importancia de ser conscientes del tiempo limitado que tiene la existencia humana. Limitado, pero no necesariamente corto. En su obra *De la brevedad de la vida*, Séneca habla de la caducidad de las personas y de cómo afrontarla. Para Séneca la vida no es corta, sino que es el propio individuo el que hace que así lo parezca. Hay tres principios básicos que, según Séneca, pueden ayudar a hacer que ese tiempo vivido sea suficiente y esté bien aprovechado.

- Recordar el pasado, para ser conscientes de lo mucho vivido.
- Vivir con intensidad y consciencia, para aprovechar el presente.
- Disponer el futuro, pero no centrarse en él ni afrontarlo con miedo.

De esta forma y actuando según los valores propios, la vida puede aprovecharse para realizarse uno mismo y servir a los demás. Tal como dijo el mismo Mujica para el diario chileno *El Mercurio* en enero de 2014: «La vida es hermosa. No le damos valor, salvo cuando la estamos por perder. No es un bien comprable y se nos está yendo. Entonces uno no tiene derecho a sacrificar la vida de una generación en nombre de una utopía».

2

No es lo mismo riqueza, bienestar, consumo de bienes materiales que felicidad...

Si algo ha hecho destacar al presidente Mujica entre tantos otros políticos a nivel mundial es su sencillez y su estilo de vida modesto. Sin coches oficiales, sin grandes mansiones, él ha preferido llevar a la máxima expresión la idea de que hay que trabajar por y para el pueblo, y dar ejemplo con su modo de actuar.

«No es lo mismo riqueza, bienestar, consumo de bienes materiales que felicidad. Porque esa es la contracara de nuestra angustia, que camina por las calles con forma de millones de individuos sumidos en la soledad en una sociedad moderna multitudinaria. ¿Se creará el índice de felicidad?», afirmaba a Víctor Hugo Morales en el programa *Bajada de línea* del 12 de agosto de 2012.

La sociedad actual es materialista, y un estudio realizado en la Universidad de Tilburg, en Holanda, demostró que las personas que se sienten solas son más consumistas. Se le ha vendido al consumidor la máxima que ya describía el filósofo Erich Fromm: «Yo soy aquello que tengo y aquello que consumo», y se crea una dinámica que se retroalimenta sin medida:

1. En una sociedad tan competitiva y en la que es tan difícil relacionarse con los demás de una forma estrecha y satisfactoria, el individuo acude a los bienes materiales que tantas soluciones prometen.
2. Siente la necesidad de comprar aquello que le haga destacar, ser único o demostrar que puede adquirir lo mejor de lo mejor.
3. Los cambios constantes en la moda, en los avances tecnológicos y en lo que se considera belleza le hacen darse cuenta de que todavía no ha alcanzado el nivel máximo de satisfacción.
4. La sensación de incomodidad o incluso inferioridad que esto le provoca le hace sentir la compulsión de comprar más.

Por ello es importante recordar, especialmente cuando se siente el impulso de comprar algo que en realidad no se necesita y dilapidar el presupuesto del mes, que muchas de las sociedades más felices de la Tierra son aquellas que tienen muy pocos bienes materiales y mucha capacidad de disfrutar de lo que les dan la vida y las personas queridas.

3

Yo no pasé catorce años en la cárcel por héroe, los pasé porque me agarraron, porque me faltó velocidad para disparar. Me tocó perder y fue una manera de perder todavía con suerte. A los quijotes que se meten a transformar el mundo lo mínimo que les puede pasar es esto.

Con esta afirmación, pronunciada para el diario *El Mercurio* de Chile el 5 de enero de 2014, el presidente Mujica buscaba desmitificar su paso por prisión, que abarcó más de una docena de años de su vida.

Mujica no quiere ser un héroe y no permite que se le compare con Mandela, ya que, tal como dice, él jugaba en otra liga. Fiel a su humildad, el presidente y exguerrillero afirmaba que no es rencoroso y que prefiere seguir el camino del Che Guevara, quien dijo que «hay que endurecerse sin perder jamás la ternura». Al presidente uruguayo le regalaron en 2010 un diario manuscrito por el propio revolucionario.

Ernesto Guevara fue uno de los caudillos de la

Revolución sucedida en Cuba en la década de 1950 y hasta que se instauró el Estado cubano, en el que desempeñó importantes cargos. El Che se convirtió en un ejemplo de lucha que hoy en día todavía inspira a muchas personas con ideales, incluido Mujica.

Uno de los principios más destacables en los que se basó la revolución personal del Che fue que, para él, era de vital importancia que cada persona se apoyara en su ética individual, tanto en la lucha como en la integración en una sociedad pacífica. Utilizando el concepto «hombre nuevo socialista», invitó a todas las personas a desarrollar el trabajo voluntario para ser miembros de pleno derecho de la nueva sociedad que quería crear. Para él era fundamental que toda persona:

- Impulsara la solidaridad.
- Obviara los incentivos materiales.
- Buscara el bien común.

Porque Guevara era un fiero luchador, pero era el amor por los demás lo que avivaba su llama. En la carta de despedida a sus hijos escribió estas palabras: «... y, sobre todo, sean siempre capaces de sentir en lo más hondo cualquier injusticia cometida contra cualquiera en cualquier parte del mundo. Es la cualidad más linda de un revolucionario».

4

El **Homo Sapiens** *es socialista porque vivió el 90 por ciento de su historia arriba de la Tierra con organizaciones sociales donde lo tuyo y lo mío no existía, donde los bienes pertenecían a la colectividad.*

Según el artículo 24 de la Declaración Universal sobre Bioética y Derechos Humanos, proclamada por la Unesco el 19 de octubre de 2005, sobre la cooperación internacional:

1. Los Estados deberían fomentar la difusión de información científica a nivel internacional y estimular la libre circulación y el aprovechamiento compartido de los conocimientos científicos y tecnológicos.
2. En el contexto de la cooperación internacional, los Estados deberían promover la cooperación científica y cultural, y llegar a acuerdos bilaterales y multilaterales que permitan a los países en

desarrollo crear las capacidades necesarias para participar en la creación y el intercambio de conocimientos científicos y de las correspondientes competencias técnicas, así como en el aprovechamiento compartido de sus beneficios.

3. Los Estados deberían respetar y fomentar la solidaridad entre ellos y deberían también promoverla con y entre individuos, familias, grupos y comunidades, en particular con los que son más vulnerables a causa de enfermedades, discapacidades u otros factores personales, sociales o ambientales, y con los que poseen recursos más limitados.

La singularidad de los pueblos enriquece la cultura, pero el hecho de compartir todo aquello que puede ayudar a mejorar a otra sociedad enriquece también a las personas que la componen. Según la Unesco, también debería seguir siéndolo ahora que el ser humano moderno posee la capacidad «para reflexionar sobre su propia existencia y su entorno, así como para percibir la injusticia, evitar el peligro, asumir responsabilidades, buscar la cooperación y dar muestras de un sentido moral que dé expresión a principios éticos». Es algo innato en el ser humano, pues, tal como apunta Mujica en su propia declaración sobre la solidaridad, realizada en una entrevista dirigida por Víctor Hugo Morales en el programa *Bajada de línea* del 12 de agosto de 2012, la solidaridad es inherente al ser humano desde sus orígenes.

5

Para mí la política es la lucha para que la mayoría de la gente viva mejor. Vivir mejor no es solo tener más, sino ser más feliz, y eso tiene que ver con las carencias materiales, pero tiene que ver también con otras cosas...

Ya en 1806, el político francés de origen suizo Benjamin Constant de Rebecque escribió los *Principios de política aplicables a todos los Gobiernos*. Influido por la reciente Revolución francesa, que Constant vivió en primera persona y en el apogeo de su juventud, buscaba asentar unos pilares firmes para una nueva democracia en la que primara el interés de los ciudadanos y la libertad individual.

La afirmación de José Mujica, reproducida en un reportaje de Televisión Española, podría ser una de las máximas imprescindibles para el perfecto manual de la política moderna. Una buena conducta compartida por todos los pueblos, no solo a nivel cooperativo y legal, sino también político, podría ser el secreto para una convivencia pacífica entre los Estados y una mejor calidad de vida de sus habitantes. Así, para este nuevo replanteamiento de los Gobiernos, otros principios apropiados serían:

- Respetarse a uno mismo y a los demás.
- Respetar el planeta y el medio ambiente.
- Buscar soluciones pacíficas a los problemas y enfrentamientos.
- La cooperación y ayuda a aquellos que se encuentran más desfavorecidos.
- Transparencia y veracidad en la comunicación.
- Evitar la exclusión de las personas por su origen, raza o creencias.

Y, sobre todo, generosidad de espíritu y entrega al cargo. «La política no es un pasatiempo, no es una profesión, es una pasión con el sueño de crear una sociedad mejor», afirmaba Mujica en una entrevista a la cadena RT en enero de 2013.

Igual que en la política, estos puntos pueden aplicarse también en el ámbito personal para crear un estilo de vida más satisfactorio en el que no quepan el orgullo que bloquea ni el arrepentimiento que impide avanzar. Igual que hizo el presidente Mujica, crear una buena política de gestión personal puede ser el primer paso para construir una sociedad más innovadora e igualitaria.

6

Ser libre es tener tiempo para hacer las cosas que a uno le motivan.

Una de las mayores expresiones de la humildad que puede mostrar el ser humano es la forma en la que define la libertad personal. Mientras que para unos sentirse libre puede implicar ser rico y olvidarse de las limitaciones financieras, para otros puede derivar de tener la tecnología que le permita estar conectado en todo momento. Y para algunos, como reflejaba el presidente Mujica en declaraciones a *El Periódico* el 1 de diciembre del 2013, es simplemente tener el tiempo para hacer lo que se desea.

La propia definición de «tiempo libre» ya nos habla de que los momentos que podemos dedicarnos a nosotros mismos pueden proporcionarnos la libertad. Según recogía el psicólogo Frederic Munné, autor del libro *Psicosociología del tiempo libre*, estas son las posibles definiciones de tiempo libre que pueden ayudar a toda persona a ser consciente de que no está tan atada a la esclavitud de la vida moderna como puede pensar. Porque tiempo libre es el que, según sus múltiples definiciones:

- Queda después del trabajo.
- Queda libre de las necesidades y las obligaciones cotidianas.
- Se emplea en lo que uno quiere una vez que se está libre de las obligaciones anteriores.
- Se emplea en lo que uno quiere.
- Fuera del trabajo, se destina al desarrollo físico e intelectual del hombre en cuanto fin en sí mismo.

No por nada, Mujica recuerda con especial cariño aquel hecho de su infancia: que pese a las obligaciones escolares y laborales, a los niños de su barrio siempre les sobraba el tiempo para jugar al fútbol en las calles sin asfaltar.

Aprovechado con gusto, el tiempo puede ser la mejor fuente de libertad personal a la que es posible acceder, sin necesidad de tener recursos ilimitados o tecnología punta. Cosas como un paseo por la playa, disfrutar con los juegos de los hijos, sentarse un rato a tomar un café con un buen amigo o escribir nuestros pensamientos en un diario pueden dar alas a la mente y a las emociones y la creatividad que se retienen entre obligaciones.

7

La mochila de los recuerdos se carga atrás y se camina hacia delante. Porque de lo contrario no se puede vivir.

Con esta declaración hecha a *El Periódico* el 1 de diciembre de 2013, Mujica expresaba la actitud con la que enfrentaba los recuerdos de su época en prisión. Tras una vida difícil, el presidente uruguayo aprendió a poner en el sitio correcto los malos recuerdos. Para muchos psicólogos, gestionar las vivencias desagradables correctamente es una herramienta básica para la superación de traumas y depresiones.

Vivir con los fantasmas en el armario no es fácil, y muchas veces se prefiere mantener las puertas cerradas y observarlas desde lejos. Pero si, al pasar el tiempo, el afectado se atreviera a mirar dentro, se daría cuenta de que aquello que creía recuerdos terribles no son más que recuerdos desagradables en la actualidad, o simplemente recuerdos.

Los expertos recomiendan seguir una serie de directrices para enfrentarse a las vivencias de las que no se guarda buen recuerdo, para aprender a superar la incomodidad que nos ocasionan:

- Rememorar el evento desde fuera, como si fuese una película sucedida a otra persona: de esta forma se elimina el componente personal y puede verse más objetivamente.
- Identificar cuál es la fuente del disgusto.
- Ponerse en el lugar del resto de los implicados para comprender cómo actuaron.
- Hacer borrón de los comentarios nocivos y dejarlos pasar.
- Convertir los errores en una fuente de aprendizaje.

Y, por último:

- Tomar conciencia de que el pasado no puede cambiarse.

Tal como decía Mujica en un reportaje de Televisión Española, seis meses después de su declaración anterior, sobre sus peores años: «En la vida hay que aprender a cargar con una mochila de dolor, pero no vivir mirando la mochila».

8

No anda más rápido el que anda más apurado, sino el que camina más firme.

En los tiempos actuales es habitual la tendencia a actuar al instante, buscando la solución o el beneficio inmediatos. Esto no sucede solo en el entorno personal, sino también en el ámbito político, como recordaba Mujica para *El Periódico* en diciembre de 2013.

Muchas veces las prisas o las emociones desencadenan cambios globales, como sucedió cuando Paris de Troya deseó a Helena, esposa de Menelao. La impaciencia por entrar en combate hizo que el ejército francés no diera bien las órdenes a sus tropas y perdiera la batalla de Crécy ante los disciplinados ingleses, en 1346, y casi hizo perder a Napoleón la batalla de Somosierra de 1808, en la que lo salvó de la derrota la caballería polaca.

La impaciencia y la falta de reflexión son muchas veces las causantes de problemas o malentendidos que podrían haberse evitado si se hubiese meditado antes de dar pasos hacia delante. Sin embargo, nunca es tarde para aprender a avanzar con seguridad hacia el final de ruta buscado, tal como señalaba constantemente Mujica en su etapa como político.

La apuesta por la paciencia y el buen hacer vienen de lejos, y es posible retroceder en el tiempo hasta la Antigüedad para tomar ejemplo de las virtudes que más valoraban los griegos en el ámbito cívico: valentía, sensatez y justicia.

En su *República*, Platón las reunió y añadió una cuarta aptitud, convirtiéndolas en las Cuatro Virtudes Cardinales, que luego adaptó la doctrina cristiana:

- Justicia: conocerse a uno mismo y coexistir con los demás. Busca dar a cada uno lo que le corresponde.
- Prudencia: ver el todo y no solo la parte, para actuar con cautela, discernir entre el bien y el mal y evitar los daños.
- Fortaleza: preservar el todo, a través de una conducta basada en afrontar los miedos y desarrollar el coraje para hacer lo que es debido.
- Templanza: para dirigir nuestras tendencias y dominar los instintos por medio de la honestidad y la voluntad.

Interiorizar virtudes como estas puede llevar al individuo al mejor camino, e incluso hacerle guiar, como el presidente Mujica, a otros hacia la dirección correcta.

9

Si para ser libres yo tengo que tomar una droga, estoy frito. La libertad la tengo acá o no la tengo.

El consumo de drogas ha sido siempre una fuente de inquietud para los Gobiernos de todos los Estados, y también lo ha sido siempre para el de Uruguay, que creó la Junta Nacional de Drogas y el Observatorio Uruguayo de Drogas para evaluar la incidencia de las adicciones en la población.

En la última encuesta nacional, realizada en 2011, se obtuvieron los siguientes resultados:

- El alcohol es la droga más consumida por la población, representada con una prevalencia de consumo en los últimos doce meses del 74 por ciento.
- La edad promedio de inicio de consumo es de trece años en los adolescentes, sin diferencias por sexo.
- El tabaco ocupa el segundo lugar, con una pre-

valencia en los últimos doce meses del 33,9 por ciento.

- El 16 por ciento de la población estudiada ha consumido alguna vez en su vida tranquilizantes. De estos, uno de cada seis lo hizo sin prescripción médica.
- La sustancia ilegal de mayor preferencia y crecimiento desde el 2006 es la marihuana, con una prevalencia en los últimos doce meses del 8,3 por ciento (5,5 por ciento en 2006). En cuanto al perfil, se encuentran las tasas más altas de consumo en hombres, residentes en Montevideo y con edad entre los dieciocho y veinticinco años.
- La cocaína es la segunda sustancia ilegal más consumida (siendo sensiblemente menor que la de la marihuana). Cabe consignar que, para esta sustancia, el consumo experimental (alguna vez en la vida) es el predominante.
- Con respecto a las sustancias denominadas de síntesis, se presentan valores aún marginales en la población.

Tal como indica el informe: «Sin embargo, no se puede dejar de señalar que no hay drogas sin riesgos y por lo tanto debemos partir del reconocimiento de que el consumo de drogas no es un problema "lejano" o distante a nosotros, y que precisamente por ello debemos plantearnos la importancia y la necesidad de indagar al respecto».

10

Al fin y al cabo, lo más cómodo en la vida es la verdad. Lo que es hay que reconocerlo.

Así decía Mujica para la CNN2 en español el 13 de diciembre de 2013 respecto a cómo se deben reconocer los temas en la política, como es el caso de la droga. Apenas unos días antes se había aprobado, con el respaldo del presidente, la legalización de la venta y el cultivo de marihuana en Uruguay.

La sinceridad y la honestidad son valores que, aunque consideradas virtudes, también se ven como un peligro potencial en una sociedad en la que la corrección y el qué dirán apoyan el uso a veces de la mentira piadosa y la hipocresía.

Según los expertos, tal como recoge Beatriz Portalatín para el artículo de *El Mundo* «¿Es razonable decir siempre la verdad?», las personas mienten por tres motivos fundamentales: 1) evitar un castigo, 2) conseguir premios, o 3) ventajas sobre los demás o adaptarse a un medio hostil. Estas razones llevan a muchos a discutir si las pequeñas mentiras del día no serían beneficiosas para el desarrollo normal de una coexistencia pacífica.

Pero hay numerosos estudios que demuestran que las personas, como Mujica, que dicen la verdad se sienten mejor que las que mienten. La psicóloga Anita D. Kelly analizó durante diez semanas las respuestas de ciento diez personas ante ciertas situaciones. Los resultados indicaron que aquellas personas a las que se había entrenado para mentir menos mostraban una mejor salud, como se reflejaba entre otras cosas en que:

- Sentían una reducción de la tensión.
- Mostraban menos angustia y ansiedad.
- Sufrían menos cefaleas.
- Apuntaban a una reducción de los dolores de garganta.

Decir la verdad, por tanto, lleva a actuar de forma correcta, ya que se encuentran las soluciones al no ignorar o silenciar los problemas, como hizo Mujica en el caso de la prevalencia de la drogadicción en su país.

Ser honesto también favorece la tranquilidad de conciencia, sin duda otra de las aptitudes que han permitido a Mujica superar tiempos difíciles y conseguir cambiar el curso de su país en tiempos mejores.

11

«Naides» es más que «naides», dicen los paisanos en mi tierra. Por muchas ínfulas o marquesina que se tenga... en el cajón marchamos todos y no te vas a llevar la plata que acumulaste de cualquier manera. Me parece que esa es una manera tonta de vivir.

Mujica siempre ha defendido las causas comunes y el apoyo interpersonal, como demuestra con su humildad habitual en una entrevista que concedió en junio de 2016 a Televisión Española.

Las consecuencias de las disputas entre razas, naciones o incluso equipos de fútbol pueden ser funestas, como sucedió durante la Guerra del Fútbol en 1969.

Honduras y El Salvador han tenido disputas continuas y una de las peleas más trágicas fue consecuencia de los ánimos subidos que dejó una eliminatoria para el Mundial de México de 1970.

Las tensiones eran grandes debido a la reforma

agraria que expulsaría a cientos de miles de salvadoreños que trabajaban en las plantaciones de bananas, si se llevaba a cabo en Honduras.

Aquella disputa encendió los ánimos patrióticos de ambos países y abrió un abismo entre las identidades nacionales, que llegó a su cúspide en el partido eliminatorio que debía decidir cuál de los dos países se clasificaría para el Mundial de México. El triunfo de El Salvador animó al ejército salvadoreño a invadir Honduras, y lanzó un ataque hacia la capital el 14 de julio de 1969.

La guerra duró apenas unos días, hasta que el 20 de julio se negoció un alto el fuego. En agosto las tropas salvadoreñas abandonaron Honduras y el 30 de octubre de 1980 ambas naciones firmaron el Tratado de Paz General en Lima. Pero las consecuencias de la guerra habían sido nefastas:

- Más de dos mil víctimas mortales.
- Miles de salvadoreños afincados en Honduras fueron obligados a volver a su país.
- Refuerzo del poder militar en ambos países y el agravamiento de la situación social de El Salvador.

Incluso después de firmado el Tratado de Paz, las tensiones entre ambos países volvieron a empezar con la disputa por la posesión de isla Conejo, un islote de medio kilómetro de extensión.

12

Lo reaccionario es la patología de lo conservador. Es ir para atrás y de una forma dogmática y cerrada. La patología de la izquierda es el infantilismo. Es la confusión permanente de la ilusión con la realidad.

A Mujica lo han acusado más de una vez de abandonar sus ideales al llegar a la política de alto nivel, a lo que él siempre ha respondido que hay que ser idealista, pero vivir en el mundo real, como hizo en una entrevista para *Salvados* el 18 de mayo de 2014.

De una forma parecida, también al escritor y excandidato del Frente Democrático a la presidencia de Perú Mario Vargas Llosa lo han acusado de cambiar de bando. Al preguntarle en una entrevista para *El País* en 1989 sobre la opinión que le merecía que en Europa pensaran que se había cambiado de la izquierda a la derecha, contestó:

> Yo estoy por el cambio, por las reformas radicales. No creo que hoy las reformas radicales se fundamenten en el crecimiento del Estado. En los años sesenta yo creía que eso era posible, y en ese sentido he cambiado. Pero ¿qué es la derecha hoy en Europa?, ¿el fascismo? Yo estoy a favor de las soluciones liberales y en América Latina ser liberal es ser revolucionario. El Estado es un monstruo corrupto, y hacerlo más eficiente y más moral dándole la soberanía al ciudadano común es un hecho revolucionario. Sé que desde la perspectiva europea es difícil entender que esto es así, y por eso se me ha tachado de conservador y de reaccionario. Yo no me reconozco en esta calificación. No soy un conservador porque el conservador quiere que las cosas permanezcan como están. No quiero que se perpetúen en América Latina ni la dictadura ni la intolerancia. La gran revolución en América Latina es la que nos lleve a la tolerancia y a la transigencia, la que nos haga renunciar a la brutalidad. Los marginados, los pobres de América Latina, están en favor de esta revolución.

Autor de obras como *La ciudad y los perros* o *Pantaleón y las visitadoras*, llegaba a esta conclusión tras veinte años de vida política: «La utopía ya no es posible y ha de refugiarse solo en el ejercicio individual de la creatividad; no sirve para predicar soluciones sociales colectivas. Lo revolucionario es hoy, en América Latina, la aplicación de las ideas liberales para disminuir el poder omnímodo y corrupto del Estado».

13

La mayor parte de las personas que componen las naciones no viven como viven los presidentes. Los dirigentes entran a vivir como vive la minoría. Y se supone que la democracia es para la mayoría. Yo vivo como vive la mayoría de mi país.

La austeridad es la virtud de moderar los gastos, incluso si no hay situación de pobreza. Es lo que demostró Mujica cuando se negó a ocupar una mansión y tener coches grandes, pues, como afirmaba para el programa *Salvados* en mayo de 2014, siempre había vivido así y vivía como la mayoría de su país.

Durante su campaña electoral ya manifestó su deseo personal de tener una vida humilde, sin influir en los demás: «Yo no quiero imponerles un patrón de vida a los demás. Al fin al cabo, es tan hermosa la libertad que cada cual haga lo que se le cante, así nomás, que cada cual haga lo que se le cante mientras no joda a los otros. Si a uno le gusta un auto así, o querés cambiar el aparato de sonido porque te gusta que la música reviente, o se te antoja pasar las vacaciones en Minnesota, andá, embrómate; yo no tengo nada que ver», decía en Montevideo en 2009.

En el discurso que pronunció en Río+20, dio explicaciones de por qué una vida austera era la mejor opción: «Mis compañeros trabajadores lucharon mucho por las ocho horas de trabajo. Y ahora están consiguiendo las seis horas. Pero el que tiene seis horas se consigue dos trabajos, por lo tanto, trabaja más que antes. ¿Por qué? Porque tiene que pagar una cantidad de cuotas: la moto, el auto, y pague cuotas y cuotas, y cuando se quiere acordar, es un viejo reumático —como yo— al que se le fue la vida».

Pero él no es el único uruguayo que se decide por la austeridad y por vivir como lo hace la mayoría del pueblo al que representa. Como recogía *Sesión de Control* en un artículo de enero de 2013:

- Los líderes del Movimiento de Participación Popular pueden cobrar un máximo de 1.530 euros.
- La intendenta de Montevideo vivía con quinientos dólares al mes y viajaba a su trabajo en transporte público. También viajaban en transporte público el senador Carlos Baráibar, el ministro Luis Rosadilla y el canciller Luis Almagro.

Incluso el predecesor de Mujica, Tabaré Vázquez, se negó a dejar su apartamento de clase media-alta por una residencia presidencial que, en Uruguay, ha estado vacía a menudo.

14

No podremos jamás abdicar de soñar que algún día podrá haber arriba del planeta sociedades donde lo mío y lo tuyo no nos separen, con menos egoísmo y más solidaridad.

En su discurso de investidura como presidente, Mujica expresaba su deseo de ver reconvertido en un futuro de ensueño el presente dividido de su nación. Tras una vida dura, aprendió que para construir hay que unir las manos y hacer uso de las palabras antes que de las armas.

No es el primero, sin embargo, en defender el poder de las palabras como herramienta para construir una sociedad mejor. En una conferencia concedida en Madrid en 1981, el escritor argentino Julio Cortázar decía:

> Hay palabras que, a fuerza de ser repetidas y muchas veces mal empleadas, terminan por agotarse, por perder poco a poco su vitalidad. Las vemos o las oí-

mos caer como piedras opacas, empezamos a no recibir de lleno su mensaje o a percibir solamente una faceta de su contenido, a sentirlas como monedas gastadas, a perderlas cada vez más como signos vivos y a servirnos de ellas como pañuelos de bolsillo, como zapatos usados. Los que asistimos a reuniones como esta sabemos que hay palabras clave, palabras cumbre que condensan nuestras ideas, nuestras esperanzas y nuestras decisiones, y que deberían brillar como estrellas mentales cada vez que se las pronuncia. Sabemos muy bien cuáles son esas palabras en las que se centran tantas obligaciones y tantos deseos: libertad, dignidad, derechos humanos, pueblo, justicia social, democracia, entre muchas otras. Y ahí están otra vez esta noche, aquí las estamos diciendo, porque debemos decirlas, porque ellas aglutinan una inmensa carga positiva sin la cual nuestra vida tal como la entendemos no tendría el menor sentido, ni como individuos ni como pueblos. Aquí están otra vez esas palabras, las estamos diciendo, las estamos escuchando. Pero en algunos de nosotros, acaso porque tenemos un contacto más obligado con el idioma que es nuestra herramienta estética de trabajo, se abre paso un sentimiento de inquietud, un temor que sería más fácil callar en el entusiasmo y la fe del momento, pero que no debe ser callado cuando se lo siente con fuerza y con la angustia con que a mí me ocurre sentirlo.

15

Y permítanme, «nada cambia, si no cambiás vos». El sujeto del cambio sos vos, pueblo querido, contigo cambiamos o contigo sucumbimos. Y estamos como abrazados.

El uruguayo tiene un sentido de identidad arraigado, tanto a su pueblo como a su propia persona. Así lo hizo ver Mujica en su discurso de asunción de la presidencia, cuando animó a su gente a movilizarse para cambiar su sociedad.

Otro uruguayo reconocido que mira para dentro para expresarse hacia fuera es el artista Ignacio Iturria. «Siempre pienso que soy uruguayo, hombre y pintor. Esas son las tres cosas que tengo clarísimas», asegura. También tiene claro que es importante expresarse de alguna forma y decir lo que se piensa, aunque sea sin palabras: «Me acuerdo de que una vez, como forma de reconciliación por no sé qué problema que tenía con mis padres —porque yo era bastante difícil, capaz que sigo siéndolo—, les mandé un dibujo por mi hermana y me sacaron de la penitencia, y ahí dije: "Pah, esto funciona". Todo lo que no pude decir hablando se lo dije en un dibujo y me di cuenta de que esa era mi forma de transmitir lo que no les podía decir con palabras».

Y parece que es capaz de comunicar mucho, como aseguraba el periodista y crítico Edward M. Gómez para *The New York Times* en 1998:

> ... Parece que, sin proponérselo, Iturria, que evita teorías, movimientos y estilos, es un postmodernista agudo por la atención que presta a temas tales como la memoria, la historia, la construcción de la identidad cultural y los múltiples significados y propósitos de la tradición. "Uso lo que me rodea", dijo, puntualizando que los objetos de su estudio tienen tanta probabilidad de convertirse en sujetos de sus telas o construcciones como los medios queribles y medios criticados apodados personajes de Montevideo y Buenos Aires que aparecen en su obra (como los elefantes, aviones y muebles, sus potentes símbolos del hogar). Bailarines, gauchos, soldados, jugadores de fútbol, uniformados chicos de escuela, amantes abrazados: a todos Iturria los pinta posando o reposando en manteles o gigantescos sofás que se convierten en paisajes o compartimientos como muebles marco dentro del marco o formatos de fotos uno al lado de otro en identidad anónima...

16

Pero no hay milagro, eso es pura poesía, y fantasía; tu progreso sale del trabajo, del compromiso, de la ciencia, de la seriedad, del levantarse todos los días y volver a empezar y sentir una derrota. Y, finalmente, tengo el derecho para gritar que en este mundo derrotados son solo aquellos que dejan de luchar.

Así hablaba Mujica al asumir su puesto como presidente, ya que conocía bien la sensación de pasar días malos, negros, de los que tenía que sacar fuerzas para avanzar.

Otro uruguayo que supo bien lo que era caerse para volverse a levantar fue el escritor Horacio Quiroga, que conoció la pérdida desde pequeño y lo acompañó el resto de su vida: su padre murió mientras cazaba, y él mismo mató por accidente de un disparo a su amigo Federico Ferrando. Su padrastro y su primera esposa se suicidaron.

Durante gran parte de su vida, Quiroga no dejó que los acontecimientos lo superaran. Sus penas solo se reflejaban en personajes hostigados, doblegados por la naturaleza y las tragedias. Pero también vivió una vida que buscaba el bien común, y quiso compartir con los demás todo lo que aprendía, entre otros medios publicando su *Manual del perfecto cuentista*.

Puede encontrarse un reflejo de su espíritu de progreso y deseo del bien común en la lección que se desprende de su cuento *La abeja haragana*. En él su protagonista hace un duro aprendizaje de la vida:

> En adelante, ninguna como ella recogió tanto polen ni fabricó tanta miel. Y cuando el otoño llegó, y llegó también el término de sus días, tuvo aún tiempo de dar una última lección antes de morir a las jóvenes abejas que la rodeaban:
>
> No es nuestra inteligencia, sino nuestro trabajo, lo que nos hace tan fuertes. Yo usé una sola vez de mi inteligencia, y fue para salvar mi vida. No habría necesitado ese esfuerzo si hubiera trabajado como todas. Me he cansado tanto volando de aquí a allá como trabajando. Lo que me faltaba era la noción del deber, que adquirí aquella noche.
>
> Trabajen, compañeras, pensando que el fin al que tienden nuestros esfuerzos —la felicidad de todos— es muy superior a la fatiga de cada uno. A esto los hombres llaman ideal, y tienen razón. No hay otra filosofía en la vida de un hombre y de una abeja.

17

El hombre saldrá de la prehistoria el día en que los cuarteles se conviertan en escuelas.

Su pasado como guerrillero le daba a Mujica una visión privilegiada respecto al uso de las armas para solucionar los problemas entre naciones, o dentro de ellas. Cuando se le preguntó sobre esta afirmación realizada en el 60.º aniversario del asalto al Cuartel Moncada en Santiago de Cuba, Mujica afirmó:

> Es la etapa de la civilización que vivimos. El desarrollo tecnológico y científico de la sociedad actual crea poderes inconmensurables para el concepto de la guerra. La capacidad de destrucción potencial que tiene la guerra contemporánea es algo que debe confrontarse con el costo humano.
>
> Uno puede matar en la distancia sin ver, y sin saber, quién nos está matando. Y eso va a ser cada día más intenso. Tenemos que darnos cuenta de que la defensa de la vida debe adquirir otra escala.

El asalto, en 1953, al Cuartel Moncada por parte de la juventud del Partido Ortodoxo para derribar al dictador cubano Fulgencio Batista fue un intento de recobrar las libertades para el país cubano. Sin embargo, el golpe no tuvo éxito y el, por entonces, dirigente del partido, Fidel Castro, ordenó la retirada. El asalto al cuartel de Bayamo tuvo el mismo resultado.

El Gobierno quiso dar ejemplo y aseguró que, por cada soldado muerto en la batalla, asesinaría a diez revolucionarios. Al final fueron cincuenta y cinco los combatientes torturados y asesinados.

Cuando la revolución triunfó, el Cuartel Moncada se reconvirtió en un centro educativo llamado Ciudad Escolar 26 de julio.

Para Mujica, este es un buen ejemplo y un paso necesario hacia el progreso: «La palabra más fuerte desde el punto de vista cultural para mí es "autodeterminación", de la mano de "tolerancia". Para que haya autodeterminación hay que acostumbrarse a respetar lo que es distinto, y a la larga ninguna riqueza es más importante que cultivar ese respeto».

18

Las cuestiones de la enseñanza son como plantar olivos: no esperes que dé cosechas grandes de inmediato, va a demorar años, muchos años.

Otro de los objetivos a largo plazo que Mujica se marcó, y del que sabía que quizá no vería los resultados, fue el de mejorar la educación.

La Comisión Internacional sobre la Educación en el Siglo XXI, creada por la Unesco, concluyó que las cuatro bases para una buena enseñanza son:

- Aprender a conocer.
- Aprender a hacer.
- Aprender a convivir.
- Aprender a ser.

Numerosos autores latinoamericanos incluyen también una quinta: aprender a emprender.

El propio Mujica reconoció que muchos de sus objetivos en temas de educación no llegarían a medrar durante su etapa de presidente, pero sigue insistiendo en la importancia de la educación de los niños, que tomarán las riendas de los países el día de mañana.

En su *Manual para ser niño*, el escritor colombiano Gabriel García Márquez aboga por una enseñanza que no omita las artes creativas, ya que esto puede derivar también en un rechazo de los métodos por parte de los niños.

> Lo que debe plantearse para Colombia, sin embargo, no es solo un cambio de forma y de fondo en las escuelas de arte, sino que la educación artística se imparta dentro de un sistema autónomo, que dependa de un organismo propio de la cultura y no del Ministerio de la Educación. Que no esté centralizado, sino al contrario, que sea el coordinador del desarrollo cultural desde las distintas regiones del país, pues cada una de ellas tiene su personalidad cultural, su historia, sus tradiciones, su lenguaje, sus expresiones artísticas propias. Que empiece por educarnos a padres y maestros en la apreciación precoz de las inclinaciones de los niños, y los prepare para una escuela que preserve su curiosidad y su creatividad naturales. Todo esto, desde luego, sin muchas ilusiones. De todos modos, por arte de las artes, los que han de ser ya lo son. Aun si no lo sabrán nunca.

19

Estoy trabajando de trueno para que de otros fuera la llovizna.

La etapa de Mujica como diputado de las izquierdas minoritarias en la década de los ochenta fue laboriosa y requirió de mucho tesón a la hora de forjar un camino que se convirtiera en una senda ancha para los que vinieran después.

Trabajar con esfuerzo, sin embargo, es su propio premio. Tal como decía Mahatma Gandhi: «Nuestra recompensa se encuentra en el esfuerzo y no en el resultado. Un esfuerzo total es una victoria completa».

El propio Mujica, tal como él mismo decía en 2004, vio caer una llovizna de votos sobre él mismo casi diez años después de haber hecho la declaración que da título al capítulo en una entrevista concedida a Radio Brecha en 1996.

El avance de Mujica hacia la presidencia fue lento y pausado. Si fue por una serie de concatenaciones o fue el fruto de una estrategia a largo plazo, quizá nunca quede claro, pero obtuvo los mejores resultados.

Y ese tipo de hazañas está al alcance de todos. Para alcanzar éxitos basados en el esfuerzo, los expertos recomiendan:

1. Enfocar bien la meta y tenerla clara.
2. Plantear objetivos concretos y medibles.
3. Fijar una fecha límite.
4. Generar objetivos que despierten el propio interés.
5. Diseñar un plan estratégico para la consecución del objetivo.
6. Estar seguro de uno mismo y del trayecto a seguir.
7. Comunicar a los demás allegados la empresa para contar con su apoyo y ánimo.
8. Visualizar el resultado positivo de los esfuerzos realizados.
9. Ordenar los pasos a seguir y cumplir las diferentes etapas.
10. Obviar el miedo al fracaso o el exceso de perfección.

Y, por último, saber digerir la consecución de los objetivos. Mujica recuerda bien el día en que ganó las elecciones: «La noche del festejo, alguna gente pensó que me había venido un vahído de emoción. ¡No, qué va!, porque estaba en la baranda y me agarré la cabeza, mirando para abajo: me agarré la cabeza de la tremenda sensación de responsabilidad y de tragedia».

20

La estética de hoy es la ética.

Así respondía Mujica para la entrevista «La honradez al tope», del periodista Néstor Sesín en 2004, cuando le preguntaban si tenía la fórmula para cumplir las expectativas de los uruguayos. «La ética tiene que ver con desde lo que ganás a cómo vivís, a cómo atendés a la gente, a cómo te rompés el alma por la gente. La gente te va a perdonar que no puedas por las dificultades, o porque la embarraste, pero no tiene más paciencia para tolerar que la jodas, que la cagues. Tampoco te va a permitir que no reconozcas tus errores y los rectifiques. Estoy planteando una honradez al tope», contestaba.

Tal como indica Mujica, las personas no toleran fácilmente que se les mienta, y es que, por lo que parece, la honestidad es inherente al ser humano.

Un estudio realizado en la Universidad de Harvard, conducido por Joshua Greene, estudiaba la honestidad de las personas en una serie de pruebas en las que se ofrecía a los participantes ganar dinero si mentían. El estudio reveló que la actividad neuronal era diferente entre los que mentían y los que no.

Los resultados revelaron que en las personas que se comportaban de forma honesta no había actividad cerebral extra, y que por tanto no necesitaban hacer un esfuerzo para ser sinceros. Sin embargo, aquellas que se comportaban de forma deshonesta mostraban una mayor actividad en las áreas cerebrales relacionadas con la atención y el control.

Por tanto, parece natural en el ser humano actuar de forma honrada, y esto llevaría a que no tolere bien los comportamientos que se escapen de esta norma, como Mujica ha llegado a comprender.

El presidente uruguayo defendía un Gobierno sin corrupción que no alcanzara todos los objetivos prometidos, frente a un Gobierno deshonesto que ocultara los errores y utilizara cualquier medio para cumplir las metas.

Mujica era consciente de que su labor no iba a ser fácil, ya que heredaba la situación impuesta por sus predecesores en el Gobierno. Para la misma entrevista afirmaba: «Y vas a tener herencia maldita y todas esas cosas, pero la gente quiere soluciones. Por lo menos la sensación de que, aunque sea de a centímetros, mejora».

21

Ellos consideran que tragarse sapos es una cuestión de principios; no entienden que no tiene nada que ver con los principios comer sapos, solo hay que condimentarlos.

De esta forma criticaba Mujica a los izquierdistas durante la *Primera vuelta*, para TV Ciudad, en Montevideo.

«Tragarse sapos» es una expresión utilizada en Uruguay para referirse a aquellas situaciones en las que alguien debe transigir o soportar una circunstancia que le resulta desagradable.

Para él muchas veces el resultado de esa rigidez era no haber pasado hambre, y destacaba que si el partido no daba al pueblo las respuestas que buscaba, este le daría la espalda. Saber transigir cuando hace falta y aceptar lo que viene con elegancia y calma es necesario para llevar a cabo un gobierno que cumpla las expectativas.

Pero no solo en el ámbito político es bueno tragarse un sapo de vez en cuando. Mantener los principios por encima de todo, o dejarse llevar por el orgullo, nunca da buenos resultados.

Uno de los personajes más queridos de Uruguay fue el futbolista Enzo Francescolli, a quien se conocía como «el Príncipe» por su caballerosidad y buen hacer tanto dentro como fuera de los campos.

Francescolli aprendió a jugar al fútbol en la calle, como muchos en su profesión, y con el tiempo se ganó un lugar en los mejores equipos y en la selección, y ganó numerosos trofeos. También ganó como premios el amor de los aficionados, el reconocimiento de otros jugadores y el respeto de los árbitros y periodistas, algo difícil de alcanzar. El secreto, según recogía la web Fútbol Sapiens, fue que siempre supo mantenerse en su sitio: «Jamás criticó a un compañero, jamás juzgó a un árbitro, nunca habló mal de un entrenador y no dio pauta para que se metieran en su vida privada. Los halagos tampoco le importaban, pues él se concebía como una persona que se dedica a disfrutar de jugar al fútbol. Los reporteros se aburrían de saber que lo entrevistarían, porque lo único que le sacarían era declaraciones sobre la pelota, la reina madre del juego».

22

Arrasamos la selva, las selvas verdaderas, e implantamos selvas anónimas de cemento. Enfrentamos al sedentarismo con caminadores, al insomnio con pastillas, la soledad con electrónicos, porque somos felices alejados del entorno humano.

Mujica tenía razón cuando hablaba así en su discurso frente a los miembros de la ONU en 2013. Los estudios revelan que la tendencia de la sociedad actual incrementa entre otras cosas la sensación de soledad, que además toma nuevas formas.

Un estudio realizado por la Fundación de Francia en 2010 atestigua que actualmente no siente soledad únicamente la gente mayor, sino que puede sobrevenir a personas de cualquier sexo y edad, de zonas urbanas o rurales. Las principales causas son:

- Fragilidad de los vínculos familiares.
- Tensión en las relaciones laborales.

- La resistencia a comunicarse con los que están alrededor.
- La predilección creciente por las relaciones e intercambios virtuales.

La soledad parece mala, cuando ha sido tradicionalmente una vía hacia el descanso, la meditación y el encuentro con uno mismo. Tal como apunta la psicoanalista Nicole Fabre: «Las personas que aprecian la soledad son capaces de entrar en contacto consigo mismas sin romper el vínculo con los demás. Son igualmente capaces de salir de su soledad para ir al cine, a comer o responder al pedido de ayuda de un amigo [...]. La mala soledad se hace reconocible cuando provoca la necesidad compulsiva de establecer un vínculo, a menudo de manera superficial, para llenar el vacío».

Parece ser que, además, la mala soledad es contagiosa. Un análisis realizado sobre cinco mil habitantes de la ciudad de Framingham permitió descubrir que las personas que se sentían más solas eran aquellas que estaban en la periferia de su red social, y que el riesgo de sentirse aislados aumentaba alrededor de un 50 por ciento en sus amigos más cercanos.

Alejarse del entorno humano, como apuntaba Mujica, es uno de los mayores males de la sociedad moderna, porque el contacto personal es uno de los mejores bálsamos. Como decía Sigmund Freud: «La ciencia moderna aún no ha producido un medicamento tranquilizador tan eficaz como lo son unas pocas palabras bondadosas».

23

Nosotros queremos tener identificado al consumidor para poder operar frente a él. Y qué queremos decir: «Muchacho, hasta aquí llegás. Si necesitás más, te tenés que atender». Si ese mundo lo tenemos clandestino, no podemos operar frente a él.

La legalización del cannabis es un tema recurrente en muchos países, y especialmente en América Latina, donde el narcotráfico es una fuente constante de violencia y corrupción, y se ha planteado a menudo en diversos países como México o Guatemala. Mujica ha sido el único hasta ahora, sin embargo, en llevar a cabo el gran paso pese a la oposición del 63 por ciento de la población según Cifra. La explicación aquí mostrada, dada al diario *El Mercurio* de Chile en enero de 2014, refleja los motivos de su apoyo a la legalización del cannabis.

La situación en el mundo es muy variable, como apuntaba un reportaje de *El País* en agosto de 2013:

- Estados Unidos permite la compra y venta de marihuana para uso medicinal, con receta médica, en diecisiete estados y en el distrito de Columbia. Colorado y Washington también legalizaron, en noviembre de 2012, el uso recreativo de la planta.
- Holanda es tolerante de facto con los *coffee shops*, pero nunca las legalizó formalmente. El cultivo está prohibido y mucha de la marihuana es importada.
- España no castiga el consumo privado, pero sí el público y la tenencia con una falta administrativa.
- Luxemburgo, Bélgica y Portugal sancionan con multa la tenencia para uso personal. La República Checa aprobó en mayo su venta en farmacias para enfermos graves. Argentina aprobó el pasado noviembre su autocultivo.
- Otros países siguen criminalizando al consumidor. Es el caso de Estados Unidos (a nivel federal), Reino Unido, Canadá, Luxemburgo, Noruega, Suecia, Finlandia y la mayoría de los latinoamericanos.

Pero la legalización de la marihuana no era un asunto arbitrario para el Gobierno uruguayo. Tal como recalcó Mujica para *El Periódico* en diciembre de 2013: «La única adicción sana es el amor».

24

Hay que luchar por ser justos y ser correctos; al que la hace fea, tratar de que la pague. Pero eso no da derecho a pasarse de la raya por las dudas. Porque entonces se recoge la herida de la injusticia, que es mucho peor.

Mujica no ha sido el único que ha reparado en la necesidad de ser correctos y justos incluso frente al delito, ni tampoco el único en expresar su opinión al respecto, como recogió TV Ciudad en Montevideo, durante la *Primera vuelta*.

El escritor argentino Ernesto Sabato, fallecido en 2011, publicó en el año 2000 su ensayo *La resistencia*, donde hablaba de todo lo que le parecía vil del género humano y del camino que estaban tomando las sociedades en todas las naciones.

Nacido en 1911 en el seno de una familia de clase media, descendiente de padres italianos y siendo el décimo de once hermanos, se interesó pronto por la política y participó en grupos universitarios de carácter comunista. Se doctoró en Física y trabajó en París y Massachusetts, para finalmente regresar a Argentina en 1940 con la intención de dejar la ciencia de lado. Siendo ya un destacado escritor, a petición del presidente Alfonsín, dirigió la Comisión Nacional sobre Desaparición de Personas. Su papel en ella abriría la puerta al juicio de las juntas de la dictadura militar en 1985, pero también le trajo algunos de sus peores recuerdos. Tuvo que sobreponer el sentimiento de justicia al de horror, como refleja en la carta «Sobre el vértigo» de *La república*:

> Si a pesar del miedo que nos paraliza volviéramos a tener fe en el hombre, tengo la convicción de que podríamos vencer el miedo que nos paraliza como a cobardes. Yo he pasado riesgos de muerte durante años. ¿Sin miedo? No, he tenido miedo hasta la temeridad, pero no he podido retroceder. Si no hubiese sido por mis compañeros, por la pobre gente con la que ya me había comprometido, seguramente hubiera abandonado. Uno no se atreve cuando está solo y aislado, pero sí puede hacerlo si se ha hundido tanto en la realidad de los otros que no puede volverse atrás. Cuando trabajé en la CONADEP, de noche soñaba aterrado que aquellas torturas, frente a las cuales yo hubiera preferido la muerte, eran sufridas por las personas que yo más quería. Impávido en el sueño, luego me despertaba angustiado y sin saber cómo seguir, pero horas des-

pués no podía negarme a escuchar a quienes pedían que yo los recibiera. No podía, era inadmisible que hubiese dicho que no a esos padres cuyos hijos, en verdad, habían sido masacrados.

25

Hay que luchar por la verdad, y es difícil, pero no hay otro camino. Tener que reprimir, aunque haya delito, no deja de ser una cosa fea.

Mujica, como hizo en sus declaraciones en Montevideo durante la *Primera vuelta*, ha mostrado en repetidas ocasiones su preocupación por evitar la represión y la coacción incluso a nivel judicial.

Como antiguo imputado, podría rememorar sus tiempos de preso al observar las reclamaciones de la Comisión Internacional por la Libertad de los Muchachos Suecos y Uruguayos detenidos en Uruguay. Creada en el año 2000 para defender las causas de los presos sociales, en octubre de 2004 reclamaban en una carta abierta una mejora de las condiciones de los presos y una facilitación de su integración en la sociedad.

Para esta comisión en una reforma carcelaria:

- Es imprescindible articular políticas sociales que integren a la gente más pobre de nuestra tierra.

- Es necesario redefinir las políticas de seguridad del Estado, de manera que no sean una maquinaria represiva que apunte a la juventud para aniquilarla física y psíquicamente en las prisiones.
- A nivel judicial, es fundamental implementar una política de penas alternativas que no impliquen el encierro en las prisiones.
- Los predios y construcciones dedicados a este fin deben ser habitables para el ser humano.
- Organismos como INACRI deben ser redefinidos. No se puede seguir con esa mentalidad de ver a cada infractor como un demente o enfermo.
- En el interior de las prisiones —de mayores y menores de edad— hay principios básicos que deben tenerse en cuenta: humanización, democratización, brindar perspectivas de desarrollo al ser humano, eliminar las prácticas de violación de derechos humanos, derogar todo tipo de reglamento que legalice la práctica de violación de derechos humanos y que impliquen trabajo no explotador, más lápices y cuadernos, perspectivas para la formación humana y menos garrote embrutecedor.

Finalmente, creen necesaria una implicación del Estado en los problemas de la juventud más pobre del país, ya que tender puentes es la mejor manera de evitar males.

26

El poder no cambia a las personas, solo revela quienes verdaderamente son.

Reflexionando sobre su propia experiencia para un reportaje de Televisión Española en junio de 2013, Mujica consideraba de esta forma que los puestos de influencia no tienen por qué variar la conducta de quienes los ocupan.

Pero muchos gobernantes han acabado siendo el terror de sus ciudadanos y otras naciones una vez que han llegado al poder, cuando han revelado cuál es la verdadera naturaleza de su carácter.

El diario *20 Minutos* recogía en 2011 un ranking en el que los lectores podían escoger a los gobernantes más perversos de la historia. La lista quedó de esta forma:

1. Adolf Hitler: gobernante de Alemania entre 1933 y 1945.

2. Augusto Pinochet: gobernante de Chile entre 1973 y 1990.
3. Francisco Franco: gobernante de España entre 1939 y 1975.
4. George Bush: gobernante de Estados Unidos entre 2001 y 2009.
5. Joseph Stalin: gobernante de la Unión Soviética desde 1941 hasta 1953.
6. Benito Mussolini: gobernante de Italia entre 1922 y 1943.
7. Jorge Videla: gobernante de Argentina entre 1976 y 1981.
8. Alfredo Stroessner: gobernante de Paraguay entre 1954 y 1989.
9. Pol Pot: gobernante de Camboya entre 1975 y 1979.
10. Hugo Chávez: gobernante de Venezuela entre 1999 y 2013.
11. Mao Zedong: gobernante de China desde 1949 a 1976.
12. Fidel Castro: gobernante de Cuba desde 1959 a 2008.
13. Idi Amin: gobernante de Uganda entre 1971 y 1979.
14. Harry Truman: gobernante de Estados Unidos entre 1945 y 1953.

Puede resultar curioso que algunos de los gobernantes más perversos fueran amigos o personajes respetados por el presidente Mujica, que ha sido considerado a su vez uno de los dirigentes más queridos y benévolos de los últimos tiempos. No se puede olvidar que, para las opiniones personales, como las que han construido el ranking, influyen muchas variables.

27

Es bueno vivir como se piensa, que de lo contrario pensarás como vives.

Reflexionando sobre su propia experiencia en un cargo de poder para un reportaje de Televisión Española del 1 de junio de 2013, Mujica hacía hincapié en lo importante que es mantenerse fiel a unos principios y luchar por unos ideales bien construidos desde la humildad y la solidaridad.

Pero Mujica no es el único uruguayo que ha marcado las vidas de sus compatriotas y de soñadores de todo el mundo. El gran escritor Eduardo Galeano respondió con palabras emotivas a la entrega del premio Stig Dagerman en Suecia en 2010, pensando en un mundo donde se pudiese vivir en armonía con uno mismo y los demás:

> Querido Stig:
>
> Ojalá seamos dignos de tu desesperada esperanza.

Ojalá podamos tener el coraje de estar solos y la valentía de arriesgarnos a estar juntos, porque de nada sirve un diente fuera de la boca, ni un dedo fuera de la mano.

Ojalá podamos ser desobedientes cada vez que recibimos órdenes que humillan nuestra conciencia o violan nuestro sentido común.

Ojalá podamos merecer que nos llamen locos, como han sido llamadas locas las Madres de Plaza de Mayo, por cometer la locura de negarnos a olvidar en los tiempos de la amnesia obligatoria.

Ojalá podamos ser tan porfiados para seguir creyendo, contra toda evidencia, que la condición humana vale la pena, porque hemos sido mal hechos, pero no estamos terminados.

Ojalá podamos ser capaces de seguir caminando los caminos del viento, a pesar de las caídas y las traiciones y las derrotas, porque la historia continúa, más allá de nosotros, y cuando ella dice adiós, está diciendo hasta luego.

Ojalá podamos mantener viva la certeza de que es posible ser compatriota y contemporáneo de todo aquel que viva animado por la voluntad de justicia y la voluntad de belleza, nazca donde nazca y viva cuando viva, porque no tienen fronteras los mapas del alma ni del tiempo.

28

Hay cosas que tienen valor cuando se pierden.

Con este comentario, realizado para el diario *El Mundo* (Venezuela) el 16 de mayo de 2015, reflejaba Mujica sus pensamientos respecto a la enfermedad de su amigo Hugo Chávez y lo que ello significaría para América Latina.

Preocupado por su salud, le hizo llegar esta emotiva carta mientras Chávez estaba en Cuba, recuperándose de una operación:

> Querido compañero:
>
> Me cuesta escribirte estas líneas, prefiero llamarte como tantas veces para hablar de nuestras preocupaciones y esperanzas para con este continente tan rico y tan demandante.
>
> Pero aquí estoy escribiendo, preocupado con tu salud, pensando más de una vez cómo estar contigo, y

con Venezuela, apoyándote como sea para salir de este trance.

Aquí estoy, diciéndote que todos nosotros te deseamos una pronta recuperación, que vuelvas cuanto antes con tu fuerza, tu humor y tu compañerismo.

Como sabes, yo no soy creyente, pero les he pedido a unos amigos que organicen una misa para que quienes quieran manifestarse religiosamente por tu salud tengan un lugar aquí en nuestro país. Yo los acompañaré.

De todas formas, más allá de los credos, seguiremos mandando a esa isla solidaria y amiga alientos fraternales con nuestros mejores deseos.

Un abrazo.

Para Mujica, Chávez siempre fue una figura de alto nivel y, en opinión del presidente uruguayo, la muerte de su colega venezolano dejaba un vacío que sería difícil de llenar de nuevo.

Pese a las controversias que suscitaba el presidente venezolano, Mujica compartía muchos de sus ideales y veía en él las cosas buenas que había hecho por el pueblo y por los más desfavorecidos. Para el presidente uruguayo, Chávez era un soñador, capaz de superar los obstáculos e infundir en los demás el cariño y la confianza que él mismo desprendía. Chávez hizo una gran labor en la integración de América Latina.

29

Nuestro mundo necesita menos organismos mundiales, que sirven más a las cadenas hoteleras, y más humanidad y ciencia.

Fiel a su fama de decir lo que piensa, Mujica no se cortó en el discurso que realizó en septiembre de 2013 en la sede de la ONU. Mujica nunca ha sido amigo de las instituciones y ONG que teorizan más que actúan, ni de esconder lo que piensa de verdad.

La función de los organismos internacionales, si bien a veces se diluye entre los vaivenes de la política o el poder de sus Estados miembros, es ayudar a resolver conflictos internos e internacionales y favorecer el desarrollo de los miembros que la componen y la cooperación mutua.

Para ello, idealmente, estas organizaciones deberían tener, según el artículo «Funciones de las organizaciones internacionales en el sistema internacional» de la web Relaciones Internacionales:

1. Capacidad de influencia sobre el entorno afectado. Y esta puede realizarse a través de:
    - Creación de marcos para el diálogo de sus Estados miembros o con otros Estados.
    - Legitimación de hechos o situaciones, dotándolas de una legalidad dentro de la organización, como sistema de protección contra los ataques de terceros.
    - Aporte de información, estadísticas y demás datos que pueden ayudar a valorar la evolución de los Estados miembros y de la situación global, facilitando la toma de medidas.
    - Mediación para las relaciones internacionales, con el fin de reducir tensiones y unificar posturas a nivel mundial, creando una conciencia colectiva.
2. Capacidad autónoma de decisión. Sin embargo, excepto el Consejo de Seguridad de la ONU, que puede aplicar las decisiones tomadas incluso por la coacción de las armas, la gran mayoría de las organizaciones solo pueden emitir resoluciones y recomendaciones que no son de obligado cumplimiento para sus miembros.

Por ello, en opinión de dignatarios como Mujica, estas organizaciones no siempre cumplen los objetivos para los que se habían ideado.

30

Estoy muy contento con el hoy, me tiene abrumado el pasado mañana.

Hombre pragmático y acostumbrado a trabajar, José Mujica se ha caracterizado por tratar de llevar a cabo las ideas que tenía, en vez de quedarse sentado rumiando. No todas sus propuestas llegaron a buen término, pero otras sí lo hicieron con éxito. Porque sabe centrarse en lo que puede hacer en el momento en vez de pensar en lo que se le escapará mañana. Reflejo de ello es su lucha con Argentina por la implantación de una fábrica que daría sus frutos mucho después de que él hubiera dejado el mandato uruguayo. Sin embargo, Mujica no cejó en sus esfuerzos, porque sabía que, en ese caso, pese a que los resultados se verían en el futuro, podía hacer algo en el presente para solucionarlo. De ahí que le abrume solo el pasado mañana, como subrayaba en el discurso para la CEPAL en Montevideo, en marzo de 2014.

Según el psicólogo Adrian Wells, el individuo considera positivo preocuparse de las cosas para establecer planes de acción, pero cuando este proceso se repite constantemente, aparece la preocupación patológica. Es entonces cuando surgen los pensamientos negativos sobre la preocupación, de la que se pierde el control. Y finalmente aparece la metapreocupación, que consiste en preocuparse por estar preocupado.

Preocuparse de las cosas es centrarse en ellas antes de que sucedan, lo que se convierte en sí mismo en una fuente de preocupación, ya que suelen esperarse los resultados más negativos. Preocuparse es un hábito que, según los psicólogos:

- Hace creer al individuo que su vida es más predecible.
- Le proporciona una falsa sensación de control.

Por lo general es la incertidumbre la que lleva a la mente a entrar en ese estado de alerta y angustia, que se multiplica con el tiempo. Por ello es importante centrarse en aquello que se puede hacer hoy para dar soluciones a corto y largo plazo a aquello que creemos que se debe solucionar.

«Hay dos tipos de preocupaciones: esas respecto de las que usted puede hacer algo y las que no. No hay que perder tiempo con las segundas», decía el pianista y compositor Duke Ellington.

31

Yo no estoy de acuerdo con Bertolt Brecht porque no hay hombres imprescindibles, sino causas imprescindibles.

El poeta y dramaturgo alemán Eugen Bertolt Brecht dijo una vez: «Hay hombres que luchan un día y son buenos. Hay otros que luchan un año y son mejores. Hay quienes luchan muchos años y son muy buenos. Pero los hay que luchan toda la vida, esos son los imprescindibles».

Mujica, que da más importancia a las causas que a las acciones individuales, considera que la historia es una acción colectiva en la que importa el «para qué», más que el «quién», como reflejaba en una entrevista para la revista *Brecha*, en Montevideo.

Sin embargo, Brecht compartía algunos de los ideales de Mujica y la guerra le alcanzó de forma plena. Nacido en 1898 en el seno de una familia burguesa en Augsburgo, desde pequeño mostró una alta capacidad intelectual y gustos refinados, y más tarde tendencias comunistas que no se arredró de exhibir.

Por ello tuvo que huir con su familia de Berlín después de la toma de poder de Hitler, saltando de país en país. Mientras él estuvo fuera, los nacional-socialistas quemaron su obra. Su exilio duró más de diez años y le afectó profundamente, como se refleja en algunos de sus poemas:

¡Escríbeme qué llevas puesto! ¿Es cálido?
¡Escríbeme en qué duermes! ¿Es también blando?
¡Escríbeme qué aspecto tienes! ¿Sigue siendo el mismo?
¡Escríbeme qué echas de menos! ¿Mi brazo?
¡Escríbeme cómo te va! ¿Te respetan?
¡Escríbeme qué andan haciendo! ¿Tienes bastante valor?
¡Escríbeme qué haces tú! ¿Sigue siendo bueno?
¡Escríbeme en qué piensas! ¿En mí?
¡La verdad es que solo tengo preguntas para ti!
¡Y espero con ansiedad la respuesta!
Cuando tú estás cansada, nada puedo llevarte.
Si pasas hambre, no puedo darte de comer.
Así que estoy como fuera del mundo, perdido, como si te
[hubiese olvidado.

32

No venimos al planeta para desarrollarnos... venimos a la vida intentando ser felices. Porque la vida es corta y se nos va. Y ningún bien vale como la vida. Esto es elemental.

En Río+20, Conferencia sobre el Desarrollo Sostenible dirigida por la ONU en Río de Janeiro, en junio de 2012, participaron numerosos líderes mundiales y representantes del sector privado y ONG preocupados por el medio ambiente, entre ellos el presidente Mujica.

El objetivo de la reunión era conversar sobre el punto en que se encuentra ahora la protección del medio ambiente, la forma de desarrollar una economía ecológica para alcanzar un desarrollo sostenible, eliminar la pobreza y desarrollar una cooperación internacional útil.

El encuentro se cerró con la aprobación de un documento final titulado «El futuro que queremos».

Fue el resultado de, tal como afirmaba la propia organización, «dejarles un mundo habitable a nuestros hijos y nietos, los desafíos de la pobreza generalizada y la destrucción del medio ambiente se deben abordar ahora». Estos eran los desafíos a abordar:

- El mundo tiene siete mil millones de personas, para el año 2050 habrá nueve mil millones. Una de cada cinco personas (1,4 millones) vive con 1,25 dólares al día o menos.
- Mil millones y medio de personas no tienen acceso a la electricidad.
- Dos mil millones y medio de personas no tienen un cuarto de baño.
- Casi mil millones de personas pasan hambre todos los días.
- Las emisiones de gases de efecto invernadero continúan aumentando, y más de un tercio de todas las especies conocidas podrían llegar a extinguirse.

«Y uno se hace esta pregunta: ¿ese es el destino de la vida humana? Estas cosas que digo son muy elementales: el desarrollo no puede ser en contra de la felicidad. Tiene que ser a favor de la felicidad humana, del amor arriba de la Tierra, de las relaciones humanas, del cuidado a los hijos, de tener amigos, de tener lo elemental», decía Mujica durante su discurso en esta reunión mundial.

33

La gran crisis no es ecológica, es política. El hombre no gobierna hoy, sino que las fuerzas que ha desatado lo gobiernan al hombre.

El problema del medio ambiente afecta a todos los países, que tratan de encontrar un equilibrio entre el aumento del consumismo y la contaminación y la protección del planeta. En Uruguay, se estableció la actual Ley General del Medio Ambiente en el año 2000. Debido a su gran patrimonio en áreas naturales, en 2005 se decretó el Sistema Nacional de Áreas Naturales Protegidas de Uruguay, que busca:

- Proteger la diversidad biológica y los ecosistemas, que comprenden la conservación y preservación del material genético y las especies, priorizando la flora y fauna autóctonas en peligro o amenazadas de extinción.
- Proteger los hábitats naturales, formaciones geológicas y geomorfológicas relevantes, im-

prescindibles para la supervivencia de las especies amenazadas.

- Evitar el deterioro de las cuencas hidrográficas con el fin de asegurar la calidad y cantidad de las aguas.
- Proteger los objetos, sitios y estructuras culturales, históricas y arqueológicas, con fines de conocimiento público o de investigación científica.
- Proveer oportunidades para la educación ambiental e investigación, estudio y monitorización del ambiente en las áreas naturales protegidas.
- Proporcionar oportunidades para la recreación al aire libre, compatibles con las características naturales y culturales de cada área, y el desarrollo ecoturístico.
- Contribuir al desarrollo socioeconómico, fomentando la participación de las comunidades locales.
- Desarrollar formas y métodos de aprovechamiento y uso sostenible de la diversidad biológica nacional y de los hábitats naturales, asegurando su potencial para beneficio de las generaciones futuras.

Actualmente este sistema engloba más de ochenta mil hectáreas de diez regiones distintas, y se está estudiando la adhesión de más terreno. Tal como aseguraba Mujica en la Conferencia de Naciones Unidas por el Desarrollo Sostenible en 2012, la protección del planeta debe ser una prioridad para los gobernantes.

34

Prometemos una vida de derroche y despilfarro, y en el fondo constituye una cuenta regresiva contra la naturaleza, contra la humanidad como futuro. Civilización contra la sencillez, contra la sobriedad, contra todos los ciclos naturales.

En la sociedad actual, pese al aumento de la concienciación social, no es fácil conseguir que la población adopte políticas de sobriedad en lo que se refiere al consumismo, y todavía prima muchas veces el despilfarro sobre la contención.

Así lo hacía ver Mujica en un discurso en la sede de la ONU en septiembre de 2013.

Fue la misma Organización de las Naciones Unidas la que en el año 2000 creó el Pacto Mundial de la ONU, con el que pretendía unificar las empresas de todo el mundo para hacerlas operar según diez principios universales básicos, divididos en las áreas de apoyo internacional, eliminación de la corrupción, mejora de las condiciones laborales, derechos humanos y medio ambiente. La iniciativa fue un éxito a nivel mundial, con la participación de más de ocho mil adheridos al pacto, provenientes de ciento treinta y cinco países. En España la red se constituyó en 2004 y se ha convertido en una de las más activas, con miembros que vienen del ámbito privado, institucional, sindical, además de ONG.

Los diez principios del pacto son que las empresas deben:

1. Apoyar y respetar la protección de los derechos humanos fundamentales, reconocidos internacionalmente, dentro de su ámbito de influencia.
2. Asegurarse de que sus empresas no son cómplices en la vulneración de los derechos humanos.
3. Apoyar la libertad de afiliación y el reconocimiento efectivo del derecho a la negociación colectiva.
4. Apoyar la eliminación de toda forma de trabajo forzoso o realizado bajo coacción.
5. Apoyar la erradicación del trabajo infantil.
6. Apoyar la abolición de las prácticas de discriminación en el empleo y la ocupación.
7. Mantener un enfoque preventivo que favorezca el medio ambiente.
8. Fomentar las iniciativas que promuevan una mayor responsabilidad ambiental.

9. Favorecer el desarrollo y la difusión de las tecnologías respetuosas con el medio ambiente.
10. Trabajar contra la corrupción en todas sus formas, incluidas extorsión y soborno.

35

Pobre no es el que tiene poco, sino que verdaderamente pobre es el que necesita infinitamente mucho, y desea y desea y desea más y más.

La pobreza personal, tal como decía Mujica en la Conferencia de las Naciones Unidas por el Desarrollo Sostenible en junio de 2012, no tiene tanto que ver con lo que se tiene como con lo que se cree que se necesita.

Mujica es un ejemplo de cómo se puede ser feliz y tener una vida agradable con poco. Lejos de aprovechar su puesto político para aumentar su patrimonio, donó gran parte de su sueldo a los que lo necesitaban más que él.

Pero el presidente uruguayo no ha sido el único que ha sabido entender el concepto de riqueza personal a lo largo de la historia.

«Al pobre le faltan muchas cosas; al avaro, todas», decía Publio Siro. Escritor de la Antigua Roma, era de origen siriano y lo vendieron en Italia como esclavo. Su dueño lo liberó y lo educó, y aunque se hizo famoso y el propio Julio César lo premió por su maestría, Siro nunca olvidó sus orígenes humildes.

«La pobreza no viene por la disminución de las riquezas, sino por la multiplicación de los deseos», aseguraba Platón. Discípulo de Sócrates, este filósofo griego, que dedicó muchos años de su vida al oficio de maestro, primaba por encima de todo la nutrición de la mente y una vida según unos principios rectos y cívicos.

«No hay riqueza más peligrosa que una pobreza presuntuosa», rezaba san Agustín, que fue máximo exponente del pensamiento cristiano durante el primer milenio. Fue padre y doctor de la Iglesia católica y prolífico escritor sobre pensamiento teológico y filosófico. Consideraba que la ética social debía estar en contra de las injusticias debidas a la repartición de las riquezas y abogada por la ayuda a los desfavorecidos.

«El pobre se arruina en el momento en que deja de ser sobrio», sentenció Concepción Arenal, escritora feminista española que tuvo que vestirse de hombre para poder acudir a la universidad. Fue la primera mujer en ganar un premio de la Academia de Ciencias Morales y Políticas, y la primera visitadora de cárceles de mujeres. En 1872 formó la Constructora Benéfica para proporcionar casas baratas a los obreros. «A la virtud, a una vida, a la ciencia», rezaba el epitafio que se colocó en su tumba en 1893.

36

Para estar mal y ser tratado como sudaca acá, andá a pasar mal allá, con nosotros, que siempre va a haber pan y cebolla.

Así hablaba Mujica para los «Diálogos sin corbata» del Banco Mundial, invitando a sus conciudadanos a regresar a casa. Para él han sido los espejismos de países mejores los que han motivado la migración de sus conciudadanos, espejismos que muchas veces se convierten en realidades que no son mejores que las del hogar natal.

El término «sudaca» tiene su origen durante la movida transición española, cuando llegaron al país numerosos exiliados de Uruguay, Argentina y Chile. Algunos de estos inmigrantes solían reunirse en las calles de Madrid para tocar su música folclórica, con lo que se empezó a hablar de una «movida sudaca» paralela a la «movida madrileña».

En sus orígenes este término no fue despectivo, y, tal como recoge el *Diccionario Cheli,* de Francisco

Umbral, el sufijo «-aca» solo tenía connotación aumentativa, como en el caso de cubata, para referirse a un cubalibre.

El término empieza a ser peyorativo, como recoge un artículo de Ricardo Paredes en la revista *Pliego Suelto*, cuando en la década de los ochenta los grupos de extrema derecha empiezan a usarlo como un insulto despectivo, y esta tendencia se extiende hasta los años noventa, cuando el aniversario de la llegada de Colón a América reabre viejas heridas.

Sin embargo, han sido muchos los que han querido reconvertir el término en una etiqueta de orgullo a través de un proceso de resemantización, por el que se toma un término despectivo y se reconvierte en un símbolo de reivindicación. Una de las promotoras de este cambio fue la escritora Carmen Posadas, que ya en 1988 creó el colectivo Sudacas Reunidas y promovió el Premio Sudaca Excepcional. Y no fue la única. Pensadores, escritores, artistas y sobre todo músicos, han defendido el término como un emblema de sus raíces.

«Nuestra misión para algunos puede sonar absurda. Sin embargo, estamos comprometidos a devolver al término "sudaca" un significado positivo a través de nuestros recursos visuales, haciendo un gran esfuerzo para dejar atrás cualquier connotación negativa creada en el pasado», aseguraba el artista gráfico Carlos Mansilla.

37

La política que más ha servido de Estados Unidos es cuando no se mete.

La historia de las relaciones entre Estados Unidos y América Latina ha sido larga y convulsa, llena de brillos y de fracasos. De tal manera que muchos gobernantes de los países implicados han preferido que la gran potencia se mantenga al margen. Así lo reflejó Mujica en los «Diálogos sin corbata» del Banco Mundial.

Sin embargo, la llegada de Obama al poder fue una novedad que llenó de expectativas a muchos. En su discurso durante la apertura de la V Cumbre de las Américas, en abril de 2009, el presidente aseguraba, tal como recogía la monografía «La política exterior de Estados Unidos hacia América Latina y el Caribe en la administración Obama»:

> Creo que todo el mundo reconoce que nos reunimos en un momento crítico para el pueblo de las Américas [...]. Todos nosotros debemos renovar el interés

> común que tenemos uno en el otro. Sé que las promesas de asociación no se han cumplido en el pasado, y que la confianza debe ser ganada a través del tiempo [...]. Así que estoy aquí para lanzar un nuevo capítulo de compromiso que se mantendrá a lo largo de mi administración [...]. También estamos comprometidos con la lucha contra la desigualdad y por la creación de prosperidad desde abajo hacia arriba.

Sin embargo, muchas de las promesas que hacía Obama no han podido llegar a buen término poco más de un año después de su conciliador discurso. A fecha de 2011, muchos de los objetivos estaban sin cumplir:

- Los republicanos bloquearon las reformas en política de inmigración y respecto al estatus del emigrante que Obama quería promover.
- Los demócratas habían dificultado la promoción de la libertad comercial en igualdad de condiciones.
- No se habían podido aprobar los acuerdos sobre libre comercio con Colombia y Panamá.
- Tanto republicanos como demócratas habían impedido el cambio de política respecto a Cuba.
- Se cerró la cárcel de Guantánamo, pero no la base militar.

Las relaciones de Estados Unidos y América Latina siguen siendo difíciles, pese a los intentos de mejora por parte del presidente Obama.

38

Si creen que a los pobres los van a frenar con alambrados, están fritos. Los pobres son más y los vientres de ellos vomitan hijos.

La inmigración es un problema grave en muchos países, que tratan de mantener un equilibrio justo entre la entrada de los nuevos ciudadanos que el país puede acoger y las negativas a dar asilo. En este sentido algunos países tienen una tolerancia muy limitada a la inmigración, como algunos países escandinavos, y otros son más flexibles a la llegada de ciudadanos extranjeros. Hay otros, además, que se ven desbordados.

Actualmente algunos de los países más azotados por las oleadas de inmigrantes buscando suelo nuevo son Francia, España e Italia, a cuyas costas es relativamente fácil llegar por mar.

Según publica la agencia Efe y como recogía el periódico *El Día* en junio de 2014, a Canarias llegaron más de sesenta mil inmigrantes desde el año 2005:

- Representa casi la mitad de los inmigrantes llegados a España en ese período.
- En 2006 se alcanzó la cifra máxima, con más de treinta mil inmigrantes.
- La mayoría procede del África subsahariana.
- El mayor colectivo lo formaban los marroquíes.

Respecto a la valla de Melilla, que empezó a construirse en 1998 y se reforzó en 2005 y 2007, y de nuevo en 2013 con la recolocación de las cuchillas, también ha sido un lugar donde las autoridades han visto imposible frenar el avance de los inmigrantes.

- En 2005, incluso con el refuerzo de la valla, trataron de cruzarla setecientos inmigrantes, de los cuales muchos fueron deportados. Un menor de edad falleció mientras lo intentaba.
- En 2008 y aprovechando los desperfectos por las inundaciones de octubre, doscientos inmigrantes trataron de saltar la valla, pero fueron repelidos con material antidisturbios.
- En 2012 hubo diversos asaltos masivos a la valla, con mayor o menor éxito.
- En 2014 más de cuatrocientos inmigrantes trataron de cruzar, y doscientos de ellos consiguieron llegar al otro lado.

Como decía Mujica en los «Diálogos sin corbata» del Banco Mundial, es casi imposible detener a quien busca nuevos horizontes huyendo de la pobreza.

39

Los sectores propietarios dicen que no hay que regalarle pescado a la gente. Que hay que enseñarles a pescar. Pero cuando les destrozamos la barca, les robamos la caña y les sacamos los anzuelos, hay que empezar por darles.

Mujica, poco amigo del capitalismo acérrimo, se quejaba, como reflejaba *El Periódico de Cataluña* en 2013, de que el capitalismo está por todas partes. Que rodea a las sociedades, imponiendo sus políticas de inversión y mercado.

«Enseñar a pescar en vez de dar el pescado» es una expresión muy usada entre los que defienden que, para ayudar realmente a un país, hay que ayudarle a desarrollar los recursos que necesita en vez de dárselos directamente.

Se trata de una política con buenas intenciones, pero, como opinan los expertos, para un pueblo que sufre miserias es difícil empezar a sembrar mientras está pasando hambre y le resulta complicado enseñar cuando no tiene unas buenas bases.

Un ejemplo de cómo ayudar a un pueblo mientras se está desarrollando puede llevarlo al éxito en el ámbito económico es el de Brasil. Actualmente es la sexta potencia económica del mundo.

Ayudar a otros países es complicado, como atestiguaba el economista William Easterly. Director del Instituto de Investigación del Desarrollo de la Universidad de Nueva York, trabajó en el Banco Mundial hasta que sus diferencias de opinión hicieron su situación allí insostenible, según sus propias palabras. En una entrevista para *La Vanguardia* sobre lo que se podía hacer para ayudar a los países más desfavorecidos dijo:

> Tratar al tercer mundo como iguales: darles reglas de comercio justas sin los aranceles que imponemos a sus productos. Darles menos limosnas y más oportunidades de competir con nosotros sin hacerles trampas». Y a la pregunta de si era más barato darles ayudas que dejarles vender su fruta más barata que la propia, añadió: «Es parte del problema. Fíjese en que Latinoamérica hoy prospera por el talento de los latinoamericanos gracias a mercados más abiertos. No ha sido ninguna ONG ni institución humanitaria: ha sido su trabajo.

Tal como decía Mujica: «Lo fundamental son los cambios culturales, y esas transformaciones conllevan muchísimo tiempo».

40

A los jóvenes de hoy quiero decirles que las personas aprendemos mucho más del fracaso y del dolor que de la bonanza.

Así decía Mujica para *El Periódico* en diciembre de 2013. Porque aprender no es fácil cuando las cosas no van bien en el ámbito personal o social, y la educación se convierte en una odisea. Sin embargo, la dificultad es una fuente de experiencias y un acicate para luchar.

Así opina también el escritor mexicano Juan Villoro, que a raíz de una charla que debía dar en la Universidad Autónoma de Guerrero el mismo día que se producía la revuelta y muerte de varios estudiantes normalistas, habló así para *El País* en octubre de 2014:

> En los años sesenta del siglo XX, dos terceras partes de los pobladores de Guerrero eran analfabetas [...]. Durante medio siglo, los abusos de las autoridades han sido repudiados por una población pobre

pero politizada. La Escuela Normal representa un centro neurálgico de la discrepancia. Conviene recordar que, en los años sesenta, uno de sus activistas se llamaba Lucio Cabañas.

El 26 de septiembre hubo cuatro balaceras distintas y un solo blanco: los jóvenes. Con el apoyo del crimen organizado, el alcalde Abarca sembró el terror para amedrentar a los normalistas, que se movilizaban para recordar a las víctimas de la matanza de Tlatelolco. Una vez desatado el mecanismo represivo, también fue acribillado un equipo de fútbol. ¿Su delito? Ser jóvenes; es decir, posibles rebeldes.

El Che Guevara pasó su última noche en una escuela rural. Ya herido, contempló una frase en la pizarra y dijo a la maestra: «Le falta el acento». La frase era: «Yo sé leer». Ya derrotado, el guerrillero volvía a otra forma de corregir la realidad.

Hace años, maestros acorralados por el Gobierno decidieron tomar las armas en Guerrero. Lucio Cabañas decidió salvar a uno de los suyos para que volviera a la enseñanza, instrumento de lucha en un país sin ley. Cuarenta y tres futuros maestros han desaparecido. La dimensión del drama se cifra en una frase que se opone a la impunidad, el oprobio y la injusticia: «Yo sé leer». El México de las armas teme a quienes enseñan a leer. A ese país le falta el acento. Llegará el momento de ponérselo.

41

El hombre es un animal fuerte. Se puede caer dos, cinco veces y volver a levantarse. No es un fracaso. El único fracaso es la muerte.

Así de contundente se mostraba Mujica en una entrevista para el periódico *El Mercurio* de Chile, en enero de 2014, sobre la importancia de no rendirse frente a nada salvo la muerte.

Pero pocas cosas son tan inevitables como la muerte, y para el resto se pueden encontrar soluciones. Una actitud positiva muy importante a nivel político y económico, donde tan difíciles parecen los objetivos a veces.

El Grupo de Trabajo para la Salud y Desarrollo Comunitario de la Universidad de Kansas propone los siguientes pasos para superar un fracaso o una dificultad:

1. Mantener la serenidad: mantener la calma y la confianza.

2. Comunicar: informar a los implicados de cómo se está desarrollando la situación.
3. Actuar: encargarse de buscar una solución de forma activa.
4. Determinar los errores cometidos: y, con los resultados, tratar de solucionar el problema o sobrellevarlo si no tiene solución.
5. Desarrollar un plan estratégico para lidiar con la situación.
6. Incluir a todos los implicados en la planificación de la estrategia.
7. Solicitar ayuda externa si es necesario, y consejo también.
8. Redefinir los objetivos por otros que se puedan cumplir.
9. Potenciar los factores positivos y los avances.
10. Compartir las dificultades que se presenten.
11. Tener siempre una visión global, teniendo en cuenta que probablemente la dificultad actual es pasajera.
12. Seguir trabajando incluso cuando la situación mejore.

Estos son los pasos para solucionar las dificultades y seguir adelante, como diría Mujica, sin rendirse y levantándose con cada caída. «El éxito parece ser, en buena parte, cuestión de perseverar después de que otros hayan abandonado», aseguraba el autor americano William Feather.

42

Muchas veces nuestros sentimientos ya decidieron lo que después la razón busca justificar.

Un cuento de uno de los poetas uruguayos más famosos de todos los tiempos ilustra que, como Mujica dejaba entrever en una entrevista a la CNN2 en español en diciembre de 2013, los sentimientos tienen la intensidad suficiente como para mover al ser humano. Y es después cuando este trata de encontrar una lógica a lo que ha hecho, pero suele hacerlo en función de lo que siente.

En el cuento de Benedetti, los sentimientos y aptitudes humanas deciden jugar al escondite, y la Locura es quien debe buscarlos:

> [...] La primera en aparecer fue la Pereza, solo a tres pasos de una piedra. Después se escuchó a la Fe discutiendo con Dios en el cielo sobre la zoología. Sintió vibrar a la Pasión y al Deseo en el centro de

los volcanes. En un descuido encontró a la Envidia y claramente pudo deducir dónde estaba el Triunfo. Al Egoísmo ni tuvo que buscarlo, él solito salió disparado de su escondite... que había resultado ser un nido de avispas. De tanto caminar le dio sed, y al acercarse al lago cristalino descubrió a la Belleza. Con la Duda resultó mucho más fácil aún, pues la encontró sentada sobre una cerca sin saber de qué lado esconderse. Así fue encontrando a todos. Al Talento entre la hierba fresca, a la Angustia en una oscura cueva, a la Mentira detrás del arcoíris (mentira, estaba en el fondo de los océanos), y hasta al Olvido, quien ya se había olvidado de que estaba jugando a las escondidas. Solo faltaba el Amor. No aparecía por ningún lado.

La Locura buscó detrás de cada árbol, bajó a cada arroyuelo del planeta, subió a las cimas de las montañas. Cuando estaba a punto de darse por vencida, divisó un rosal, tomó una horquilla y comenzó a mover las ramas. De pronto se escuchó un doloroso grito. Las espinas habían herido al Amor en sus ojos. La Locura no sabía cómo hacer para disculparse, lloró, imploró, suplicó, rogó, pidió perdón y hasta prometió ser su lazarillo. Desde entonces, desde que por primera vez se jugó a las escondidas, «el Amor es ciego y la Locura lo acompaña».

43

En la vida pa construir colectivamente hay que mancharse. Porque en los acuerdos colectivos uno nunca está cien por cien de acuerdo así gane o pierda.

En la *Primera vuelta*, hablando frente a TV Ciudad de Montevideo, Mujica defendió la acción colectiva frente a los que se autodenominan independientes.

La acción colectiva es aquella que reúne a diferentes personas o entidades para lograr objetivos comunes. Los miembros de un grupo deben caracterizarse por:

- Buscan una relativa estabilidad organizativa.
- Persiguen una serie de objetivos, intereses o ideas entre sus miembros.
- Trabajan juntos para conseguir esos objetivos o fines. Esta línea de acción es coordinada y organizada.
- Intervienen porque quieren en la política, para solucionar un conflicto social.

El CGIAR, consorcio internacional creado en 1971 para poner en común diversos centros de investigación que buscan mejorar la seguridad alimentaria, creó el Programa para la Acción Colectiva y Derechos de Propiedad. Para ellos, el manejo eficaz de los recursos comunes debe seguir los siguientes principios:

1. Los límites del grupo están claramente definidos.
2. Las reglas que gobiernan el uso de bienes colectivos son compatibles con las condiciones y las necesidades locales.
3. La mayoría de los individuos afectados por estas reglas pueden participar en su modificación.
4. El derecho de los miembros de una comunidad a definir sus propias reglas es respetado por las autoridades externas.
5. Existe un sistema para monitorizar la conducta; los miembros de la comunidad se hacen cargo de este por sí mismos.
6. Se utiliza un sistema graduado de sanciones.
7. Los miembros de la comunidad tienen acceso a mecanismos de bajo coste para la resolución de conflictos.
8. Para los recursos que son parte de sistemas más grandes, existen empresas anidadas (vínculos de apoyo) entre grupos locales y organizaciones de mayor nivel.

44

Nuestra enfermedad es el infantilismo, nuestra abdicación es creer que el mundo es perfecto y estar conformes. Yo creo que hay que ser inconformista, reformista crónico, perseguidor de utopías y no cansarse de ser derecho en el más noble y elemental sentido del término.

Igual que Mujica, que hablaba sobre la imperfección del mundo para Victor Hugo Morales en el programa *Bajada de línea* en agosto de 2012, muchos integrantes de la generación del 45 se caracterizaron por tener un sentido del idealismo y de la ayuda a los demás muy interiorizado.

Una de sus abanderadas fue la ensayista, poeta y crítica literaria Idea Vilariño. Nacida en una familia culta asentada en Montevideo, su padre fue poeta, y su madre, una amplia conocedora de la literatura europea. Tuvo cuatro hermanos, llamados Numen, Poema, Azul y Alma.

Entre sus escritos se encuentra la composición de una canción ampliamente conocida, que habla del sentimiento inconformista que caracterizó a su generación:

Ya no más pueblos de ratas
y ya no más rancherío,
ya no más viejos con frío
ni más casitas de lata.
Si los que tienen la plata
y los dueños de la tierra
no la reparten sin guerra,
de ir a la guerra, se trata.
Si me llego a morir lejos
no te pongas a llorar.
Mucho tengo pa ganar,
pa perder, solo el pellejo.
Para morirme de viejo
pasando esta vida perra,
mejor, me voy a las sierras.
Adiós, mi vida, te dejo.

45

No vivimos para cultivar la memoria mirando hacia atrás. Creo que el ser humano tiene que saber cicatrizar sus heridas y caminar en la perspectiva del futuro, pues no podemos vivir esclavizados por las cuentas pendientes de la vida. Es importante no olvidarse de nada, pero pienso que es necesario mirar hacia el mañana. No se vive de recuerdos. Es importante mirar el pasado, pero también es necesario perderle el respeto.

Mujica sabía bien lo que significaba superar traumas y malas experiencias para seguir viviendo con normalidad, y así lo expresaba en una entrevista para el periodista brasileño Aurélio Weissheimer de *Carta Maior*.

Pero a veces no es fácil superar el pasado, y este vuelve una y otra vez presentando síntomas físicos y mentales que pueden dificultar la vida presente. Es común verlo en supervivientes de guerras y catástrofes, aunque también pueden derivar de vivencias personales. La psicóloga Trinidad Aparicio recomienda en un artículo seguir estos pasos:

- Contar con el apoyo de amigos y familiares. En casos concretos se puede encontrar apoyo a nivel social, según el tipo de trauma que se sufre.
- Acudir a un profesional. En determinadas ocasiones no se tiene clara la causa del trauma. Lo principal, en este caso, es descubrirla para comprender el porqué del problema y a partir de ahí poner solución.
- Superar los posibles sentimientos de culpa. Hay personas que se sienten culpables por el suceso que les causó el trauma. Consideran que podían haberlo evitado o que fueron ellas quienes provocaron la situación. En estos casos, lo primero es superar ese sentimiento de culpabilidad; deben tener claro que ellas son las víctimas y que no hicieron absolutamente nada para que eso sucediera.
- Modificar las conductas. Consiste en modificar los pensamientos, sentimientos y emociones, cuando con relación al suceso traumático aparecen una serie de conductas irracionales.

46

Lo inevitable no se lloriquea. Lo inevitable hay que enfrentarlo.

Mujica enfrenta la inefabilidad de la muerte con estoicismo y calma, sabiendo que es natural e inevitable, como demostraba con estas palabras para el diario *El Universal* en mayo de 2010:

«Cuando pienso que me voy a morir, tiendo la cama y me acuesto a morir. Pero es lo que quiero decir a la gente, lo inevitable no se lloriquea, lo inevitable hay que enfrentarlo, y uno está peleando un partido de ajedrez y sabe que lo va a perder», afirmaba.

Y es que enfrentarse a la muerte no es fácil, como descubrió Alejandro Jodorowsky, que sentía miedo a morir y que tuvo que enfrentarse a la muerte de su hijo. En el primer capítulo de sus memorias noveladas *El maestro y las magas*, titulado «Intelectual, ¡aprende a morir!», relata cómo su maestro le respondió cuando fue a él en busca de consuelo:

La última vez que vi al maestro Ejo Takata fue en la modesta casa de una vecindad, en los límites superpoblados de la capital mexicana. Un cuarto y una cocina, no más. Yo iba allí en busca de consuelo, sufriendo por la muerte de mi hijo. El dolor me impidió ver las cajas de cartón que llenaban la mitad del cuarto. El monje se puso a freír un par de pescados. Yo me esperaba un sabio discurso sobre la muerte:

«No se nace, no se muere... La vida es una ilusión... Dios da, Dios quita, bendito sea Dios... No pienses en su ausencia, agradece los veinticuatro años con que alegró tu vida... La gota divina regresó al océano original... Su consciencia se ha disuelto en la feliz eternidad...».

Todo eso me lo había dicho a mí mismo, pero el consuelo que buscaba en esas frases no calmaba mi corazón. Ejo solo pronunció una palabra: «Duele», y con una reverencia sirvió los pescados. Comimos en silencio. Comprendí que la vida continuaba, que debía aceptar el dolor, no luchar contra él ni buscar consuelo. Cuando comes, comes; cuando duermes, duermes; cuando duele, duele. Más allá de todo aquello, unidad de la vida impersonal. Nuestras cenizas han de mezclarse con las del mundo...

47

Si usted quiere llegar lejos, no tenga miedo de caminar despacio. Si usted está demasiado apurado, no va a llegar lejos.

Los grandes logros requieren a menudo tiempo y paciencia, como explicaba Gabriel García Márquez en un discurso en 2007, sobre la creación de *Cien años de soledad*. Por aquel entonces se habían editado un millón de ejemplares de la novela, y era un clásico entre las novelas modernas. Pero tal como explica el escritor, todo empezó con una sola frase:

> A mis treinta y ocho años y ya con cuatro libros publicados desde mis veinte años, me senté en mi máquina de escribir y empecé: «Muchos años después, frente al pelotón de fusilamiento, el coronel Aureliano Buendía había de recordar aquella tarde remota en que su padre lo llevó a conocer el hielo». No tenía la menor idea del significado ni del origen de esa frase ni hacia dónde debía conducirme. Lo que hoy sé es que no dejé de escribir durante dieciocho

meses hasta que terminé el libro. [...] Esperanza Araiza, la inolvidable Pera, era una mecanógrafa de poetas y cineastas que había pasado en limpio grandes obras de escritores mexicanos [...]. Cuando le propuse que me sacara en limpio la obra, la novela era un borrador acribillado a remiendos [...]. Pocos años después Pera me confesó que, cuando llevaba a su casa la última versión corregida por mí, resbaló al bajarse del autobús con un aguacero diluvial y las cuartillas quedaron flotando en el cenagal de la calle. Las recogió empapadas y casi ilegibles con la ayuda de otros pasajeros y las secó en su casa hoja por hoja con una plancha de ropa. Y otro libro mejor sería cómo sobrevivimos Mercedes y yo con nuestros dos hijos durante ese tiempo en que no gané ni un centavo. Ni siquiera sé cómo hizo Mercedes durante esos meses para que no faltara ni un día la comida en la casa [...].

Por fin, a principios de agosto de 1966, Mercedes y yo fuimos a la oficina de correos de México para enviar a Buenos Aires la versión terminada de *Cien años de soledad*, un paquete de quinientas noventa cuartillas escritas a máquina a doble espacio y en papel ordinario dirigidas a Francisco Porrúa, director literario de la Editorial Sudamericana.

Debido a su escasez económica, tuvieron que enviar la novela por partes, pero después llegó el éxito y las penurias terminaron. Como Mujica decía en Montevideo durante la *Primera vuelta*, las grandes transformaciones y las grandes obras van despacio.

48

La basura es como la culpa, no la quiere nadie en el barrio.

Mujica se quejaba durante la *Primera vuelta* de la basura que se acumulaba en los alrededores de Montevideo, como recogía TV Ciudad. Para él era un problema de gran importancia el de encontrar la forma de lidiar con la basura que nosotros mismos generamos.

En Bolivia este problema también está presente, y el profesor de Lengua y doctor en Filosofía paraguayo José Manuel Silvero encontraba esa conexión entre la basura y la negación moral que hacen que la limpieza en las calles se asocie con la altura social:

> ¿Hemos olvidado la imagen de aquellos aborígenes que, impotentes ante una inusitada violencia física y simbólica, fueron desalojados de un espacio público de Asunción? La permanencia de esos «cuerpos extraños» en la plaza Uruguaya había despertado

el celo higienista de vecinos y comerciantes de la zona, que remarcaron una y otra vez el lado «inmundo» de aquella empresa. El ideal desinfectado triunfó. Preferimos el aire refinado de la lejana y calcificada Europa a los tufos cercanos de nuestros «malolientes guaraníes». Si blindamos nuestro entorno por temor a la suciedad de los aborígenes, imagínense lo que harían ellos si temieran nuestros actos de «hombres civilizados». Allí donde ubicamos la mierda aterrizan los prejuicios revestidos de repugnancia y asco moral. Lo abyecto empadrona a los «apartados» en el lugar del olvido, atentando y ahorcando diariamente la idea central de una comunidad política que se precia de ser «Estado Social de Derecho». Siguiendo a Canseco, podemos decir que, desde que el mundo es mundo, la mierda ha servido para distinguir entre nosotros y los otros, para trazar la línea que habría de separar a los que conformaban y definían el orden, para establecer los límites entre lo conveniente y lo inconveniente, entre lo civilizado y lo bárbaro. Por ello, la historia de la mierda es la historia de las relaciones humanas tanto a nivel nacional como regional.

Rodolfo Kusch sostiene que la vigilancia desmesurada de nuestro atuendo académico nos hace sentir pulcros, pero que de lo que no nos damos cuenta es de que, cuando dejamos esa aura, nos encontramos con la vida, y encontrarse con la vida es encontrarse con el hedor, con todo eso que nosotros rechazamos.

49

No se achiquen, compañeros, quiéranse mucho..., pero no tanto para perdonarse las cagadas.

Mujica alentaba de esta manera, según recogía *El País* (Uruguay) en 2010, a los trabajadores que gestionaban una fábrica en un mercado competitivo, pautado por los costes y falto de piedad.

Errar es humano, pero también lo es aceptar los fallos cometidos y buscarles soluciones.

Reconocer los errores no es fácil, especialmente cuando se tiene que dar explicaciones frente a un gran número de personas, como les puede suceder a políticos y empresarios. Sin embargo, aceptar los fallos cometidos no solo es bueno para la salud mental y física, sino que es inherente al ser humano desde la infancia. Un estudio realizado por investigadores del Instituto de Tecnología de Massachusetts (MIT) y publicado en 2011 asegura que los bebés a partir de dieciséis meses son ya conscientes de sus equivocaciones. La directora del estudio, Laura Schulz, estudió las reacciones de un grupo de bebés de dieciséis meses ante juguetes que no funcionaban.

De ello se deducía que las personas, incluso desde pequeñas, son capaces de detectar los fallos e identificar la causa por la que las cosas no funcionan o no se desarrollan como deberían. Además, puesto que la respuesta del niño cambiaba a medida que evolucionaba el experimento, se desprendía también que los bebés son capaces de analizar las trabas que se presentan en cada momento, para actuar en consecuencia.

De ello se desprende, por tanto, que el ser humano tiene la habilidad de reconocer los errores desde la infancia. Si, por ejemplo, al intentar encender un aparato, este no funciona, la reacción automática es detectar los posibles errores cometidos, como comprobar si está conectado a la corriente.

Por tanto, la capacidad de detectar y reconocer los errores está fuertemente circunscrita a la naturaleza humana, y tan solo los sentimientos hacen que este reconocimiento no se verbalice. Sin embargo, el estudio aún dio otro resultado, uno que puede retomarse en la etapa adulta para sobreponerse a las «cagadas». Porque tras observar sus reacciones, las investigadoras observaban que los bebés, al darse cuenta de los errores, deciden pedir ayuda o volver a intentarlo.

50

La política está sujeta a volar como las perdices, cortito y rápido. Y se está necesitando política de largo aliento en un mundo que se globaliza.

Mujica se lamentaba, para una entrevista de enero del 2013 en la cadena RT, de no haber podido hacer pactos nacionales entre todas las fuerzas de Uruguay.

Sin embargo, él no fue el único que pasó dificultades a la hora de llevar a cabo sus objetivos. Tal como recoge el Grupo de Trabajo para la Salud y el Desarrollo Comunitario de la Universidad de Kansas, Franklin D. Roosevelt (FDR, por sus iniciales) llegó a la presidencia de Estados Unidos durante la Gran Depresión, en 1933. En aquella época Estados Unidos:

- Tenía una tasa de desempleo del 25 por ciento.
- Las ciudades estaban desbordadas de personas hambrientas y sin hogar.
- Los bancos estaban asediados por gente que re-

clamaba su dinero por miedo a que este desapareciera.
- La nación estaba al borde del caos social.

Sin embargo, Roosevelt no se arredró y elaboró su plan de acción:

- Primer día: En su discurso inaugural aseguró que la situación mejoraría y que «lo único que nos debería dar miedo es el miedo mismo».
- Segundo día: Rescató a los bancos de la nación, los cuales se encontraban acorralados por los depositantes que reclamaban su dinero ante el temor de no poder retirarlo inmediatamente, antes de que todo se perdiera.
- Días siguientes: Decretaba un festivo, por el que los bancos tenían que cerrar unos días tras los cuales solo podrían abrir los bancos solventes.
- Primeros cien días: Inició el Nuevo Acuerdo, por el cual se otorgó dinero federal para luchar contra la pobreza y el desempleo.
- Meses siguientes: Apoyado ya por su pueblo, que veía en él la solución a la crisis, siguió luchando por sacar a su país de las dificultades durante todo su mandato.

Roosevelt, que fue el primer presidente de la historia en salir elegido cuatro veces, es considerado desde entonces uno de los tres mejores presidentes, junto a Washington y Lincoln, por los historiadores.

51

Es posible arrancar de cuajo toda la indigencia del planeta. Es posible crear estabilidad y será posible a generaciones venideras, si logran empezar a razonar como especie y no solo como individuo, llevar la vida a la galaxia y seguir con ese sueño conquistador que llevamos en nuestra genética los seres humanos.

Para Mujica, una de las necesidades básicas para mejorar de cara al futuro es pensar como especie. Luchar contra la desigualdad y la pobreza es fundamental, como reflejó en el discurso que hizo en la sede de la ONU en septiembre de 2013. Para ello, esa misma organización declaró en la Convención contra la corrupción celebrada en Viena en 2003 que había que, entre otras cosas, promover la participación ciudadana en la lucha y la denuncia de la corrupción. Esa participación debería reforzarse con medidas como las siguientes:

1. Aumentar la transparencia y promover la contribución de la ciudadanía a los procesos de adopción de decisiones.
2. Garantizar el acceso eficaz del público a la información.
3. Realizar actividades de información pública para fomentar la intransigencia con la corrupción, así como programas de educación pública, incluidos programas escolares y universitarios.
4. Respetar, promover y proteger la libertad de buscar, recibir, publicar y difundir información relativa a la corrupción.

Esa libertad podrá estar sujeta a ciertas restricciones, que deberán estar expresamente fijadas por la ley y ser necesarias para:

1. Garantizar el respeto de los derechos o la reputación de terceros.
2. Salvaguardar la seguridad nacional, el orden público o la salud o la moral públicas.

«Si este nuevo instrumento se aplica cabalmente, puede mejorar mucho la calidad de vida de millones de personas en todo el mundo. Al eliminar uno de los principales obstáculos para el desarrollo, puede ayudarnos a cumplir los objetivos de desarrollo del milenio [...]. Es un gran reto, pero creo que juntos podemos hacer mucho», aseguraba el entonces secretario general de la ONU, Kofi Annan.

52

***La burocracia es peor que la burguesía,
porque al menos la burguesía
tiene un impulso creador,
aunque sea para chuparte el hígado;
la burocracia vive de lo que crearon otros.***

Los humanos somos fruto de la naturaleza, y así lo demuestran muchos de sus comportamientos. Mujica siente animadversión por los burócratas y encuentra cierto paralelismo en el mundo natural, tal como explica en el programa Presidentes latinoamericanos del Canal 7 argentino. En la naturaleza, la relación entre organismos de la misma y distinta especie es habitual. La simbiosis es aquella relación estrecha y duradera que se produce entre organismos de diferentes especies, tal como lo definió el botánico Anton de Bary en 1879. Dentro de estas relaciones, hay diversos tipos en función de los costes y las ganancias que se producen para cada una de las especies.

- Mutualismo: En este patrón de relación simbiótica, las dos especies implicadas aportan y reciben a partes iguales y salen beneficiadas de la unión de las fuerzas. Son mutualistas, por ejemplo, las aves que se alimentan del polen de las plantas con flores, que a su vez se sirven de las aves para el proceso de polinización.
- Comensalismo: En este caso, se produce la situación en la que, mientras una de las especies sale beneficiada, la otra no obtiene ni ventaja ni desventaja, se queda tal como estaba. Serían ejemplo de comensales las rémoras, que se enganchan a especies mayores para que las transporten.
- Parasitismo: En esta situación, una de las especies depende de la otra y le provoca daños para obtener los beneficios buscados. Ejemplos de parásitos hay muchos, como por ejemplo las sanguijuelas y los mosquitos.

En el ámbito sociológico, sin duda la relación más adecuada en todos los casos sería la mutualista, como ya demuestran aquellas organizaciones y entidades que trabajan juntas, que, potenciando el comportamiento solidario y colectivo, se benefician de los recursos y ayudas que entre todas pueden aportar.

53

Cuando vas a comprar algo, no estás comprando con plata. Estás comprando con el tiempo de tu vida que tuviste que poner pa ganar esa plata. Comprás un cacharro y lo pagás con vida. Hay que ser más avaro, hay que cuidar la vida.

No es habitual pararse a pensar cuántas horas de trabajo ha costado aquello que se adquiere en tan solo unos instantes, pero, si nos paráramos a hacerlo, saldríamos más a menudo con las manos vacías de las tiendas. Porque si no, sin que la persona se dé cuenta, se le ha ido escapando la vida.

Denis Wright, un australiano con un cáncer terminal, se enfrentó a su sesenta y seis cumpleaños sabiendo que podía ser el último. Desde 2009, cuando le diagnosticaron un cáncer cerebral, fue superando fechas límite para su vida. Durante ese tiempo pudo meditar mucho sobre la existencia, y en 2013 decidió publicar una serie de consejos para aprovechar la vida, que recogía en castellano la cadena RT:

1. No pierda su vida en un trabajo que odia. La vida es demasiado corta como para vivir solo por la noche y los fines de semana.
2. Si en su vida pasa algo malo, que usted no puede evitar, trate de adaptarse. Darse cabezazos contra la pared es inútil.
3. Si usted piensa que puede cambiar algo, trate de hacerlo, haga todo lo posible para lograrlo. Trate de entender el problema y se dará cuenta de que se puede resolver.
4. No existen «buenas» y «malas» decisiones. Si ha hecho algo que cree que está mal, aprenda una lección de esto, la próxima vez lo corregirá. Usted no puede saber las vueltas que van a dar las cosas, por lo que sentarse a llorar es una pérdida de tiempo.
5. No se arrepienta del pasado, ya no podrá cambiarlo. Viva del presente. Pero no el de un solo momento, es demasiado corto.
6. Pida perdón a las personas a quien usted siente que podría haber hecho daño. Usted no es perfecto, ni siquiera intente aparentarlo.
7. Esté abierto a diferentes ideas. No descarte otras posibilidades.
8. Trate de no perder nunca el sentido del humor, aunque no siempre sea posible.
9. *Carpe Diem*. Esto es, ¡aproveche el momento!
10. No tenga miedo a la muerte. Si usted no tiene miedo a la muerte, no tendrá miedo a nada que le depare la vida.

54

No creo que el socialismo sea creable a partir de sociedades analfabetas y pobres. Hay que empezar a estar podrido de la bagatela del capitalismo.

El capitalismo, del que hablaba así Mujica en la entrevista para el programa *Presidentes latinoamericanos* del Canal 7 de Argentina, ha afectado negativamente a muchos países de América Latina. Así sucedió por ejemplo tras la Gran Depresión americana, que afectó negativamente a América Latina. Sin embargo, hay que comprender qué es exactamente el capitalismo para poder reconsiderarlo. Tal como recoge el ensayo *Características del capitalismo*, por capitalismo se entiende según los diversos enfoques:

- El *régimen económico* en el cual la titularidad de los medios de producción es privada, entendiéndose por esto su construcción sobre un régimen de bienes de capital industrial basado en la propiedad privada.

- La *estructura económica* en la cual los medios de producción operan principalmente en función del beneficio y en la que los intereses de la empresa se gestionan en función de la inversión del capital y de la competencia en los mercados y entre los trabajadores asalariados.
- El *orden económico* en el cual predomina el capital sobre el trabajo como elemento de producción y creación de riqueza, ya sea que dicho fenómeno se considere como causa o como consecuencia del control sobre los medios de producción
- El *sistema económico* en el cual las relaciones sociales de producción y el origen de la cadena de mando se establece desde la titularidad privada y exclusiva de los accionistas de una empresa en función de la participación en su creación en tanto primeros propietarios del capital. La propiedad y el usufructo quedan así en manos de quienes adquirieron o crearon el capital y se intenta su óptima utilización, cuidado y acumulación, con independencia de que la aplicación productiva del capital se genere mediante el trabajo colectivo y conjunto, material e inmaterial, de cada uno de los actores de la misma empresa.

55

Cuando estuve en el calabozo, descubrí que el enemigo y el amigo más grande lo tenía dentro.

Mujica ha reflexionado a menudo sobre su estancia en prisión, como en la entrevista del programa *Presidentes latinoamericanos* del Canal 7 de Argentina, y la forma en la que consiguió enfrentarla. Quizá ante una tesitura parecida se encontró Fidel Castro cuando, durante los juicios por la revolución contra la dictadura de Batista, aseguró que su lugar era la cárcel, con sus hermanos de lucha. Licenciado en Derecho Civil, asumió su propia defensa y redactó un alegato final titulado *La historia me absolverá*, que se ha convertido en un documento reeditado numerosas veces y traducido a diversos idiomas. En el alegato se reflejaba, además de la denuncia de los abusos cometidos contra los asaltantes y los motivos de la causa, la dualidad de sentimientos sobre su intención de seguir el camino de sus compañeros y el temor por lo que la estancia en la cárcel pudiera sobrellevar:

[...] Termino mi defensa, no lo haré como hacen siempre todos los letrados, pidiendo la libertad del defendido; no puedo pedirla cuando mis compañeros están sufriendo ya en isla de Pinos, ignominiosa prisión. Enviadme junto a ellos a compartir su suerte, es inconcebible que los hombres honrados estén muertos o presos en una república donde está de presidente un criminal y un ladrón.

A los señores magistrados, mi sincera gratitud por haberme permitido expresarme libremente, sin mezquinas coacciones; no os guardo rencor, reconozco que en ciertos aspectos habéis sido humanos y sé que el presidente de este tribunal, hombre de limpia vida, no puede disimular su repugnancia por el estado de cosas reinantes que lo obliga a dictar un fallo injusto [...]. En cuanto a mí, sé que la cárcel será dura como no lo ha sido nunca para nadie, preñada de amenazas, de ruin y cobarde ensañamiento, pero no la temo, como no temo la furia del tirano miserable que arrancó la vida a setenta hermanos míos. Condenadme, no importa. La historia me absolverá.

56

No será muy revolucionario el programa de Lula de tres comidas por día... para el que no pasó hambre. Para el que pasó hambre, es un cambio fenomenal.

La política de Lula, tal como aseguraba Mujica para el programa *Presidentes latinoamericanos* del Canal 7 argentino, quizá no fue destacable por su innovación, pero sirvió para disminuir el hambre de sus ciudadanos y ayudó a convertir Brasil en lo que es ahora: una de las mayores potencias económicas del mundo. Lula, que empezó su andadura como obrero y sindicalista, accedió a la presidencia de Brasil en enero de 2003. Habiendo sido él mismo hijo de una familia modesta, uno de sus principales objetivos fue sacar a la máxima cantidad de gente posible de la pobreza. Tal como recogía la publicación *Semana* en agosto de 2011, Lula tomó diversas decisiones que, pese a sus riesgos, resultaron exitosas:

1. Aumentó el salario mínimo en un 62 por ciento en un lapso de cinco años, sin que aumenta-

ra la inflación. Tal como aseguraba Lula: «Cuando empecé mi gobierno, el 10 por ciento de la población más rica cogía la mitad del dinero del país y les dejaban a los más pobres apenas el 10 por ciento».

2. Creó cuentas bancarias activas para la población más desfavorecida. Posteriormente, serían estas personas que vieron aumentar su salario las que, según Lula, los ayudarían a superar la crisis de 2008.
3. Eliminó la figura del intermediario en la gestión y entrega del dinero público. De esa forma, no se perdía dinero del Estado ni de los ciudadanos en la transacción.

Y, por último, con las políticas contra el hambre, consiguió reducir las tasas de desnutrición un 73 por ciento y la mortalidad infantil, un 45 por ciento.

«Conocí el pan por primera vez a los siete años. Hasta esa edad, el café que me tomaba por la mañana era con harina de yuca. Sé qué es la desesperación de una madre que está delante de un fogón sin gas y sin lo más elemental para hacer una comida para sus hijos», recordaba Lula de su propia experiencia, dispuesto a proteger a los niños de su país de esa infancia.

En global, durante su mandato anterior, sacó a millones de brasileños de la pobreza y devolvió el préstamo que el Fondo Monetario Internacional le había dado.

57

Nuestro dilema es el dilema de Tarzán, no se puede soltar de una rama si no está agarrado a otra, porque, si no, nos caemos. La historia a nosotros nos enseñó que cuando a la Argentina le va mal, a nosotros nos va mal. Cuando a la Argentina le va bien, a nosotros nos va bien. Despacito por las piedras, los países no se mudan, tenemos dificultades, las vamos a pelear y las vamos a negociar de la mañana a la noche.

Mujica nunca se arredró a la hora de negociar con Argentina, pese a las críticas, como revelaba en una entrevista para la CNN en abril de 2012. Las disputas entre ambos países han sido numerosas. Fue especialmente criticado por negociar con Argentina al respecto de la creación de una planta de celulosa. Pero, tal como dice Mujica, hay que aprender a colaborar, y uno de los mayores éxitos de las negociaciones entre ambos países fue el Tratado del Río de la Plata, firmado en 1973 para terminar con la disputa. La comisión de este tratado, formada por representantes de ambos países, tiene como misión:

1. Promover la realización conjunta de estudios e investigaciones de carácter científico, con especial referencia a la evaluación, conservación y preservación.
2. Dictar las normas reguladoras de la actividad de pesca.
3. Coordinar las normas reglamentarias sobre practicaje.
4. Coordinar la adopción de medidas en materia de búsqueda y rescate.
5. Establecer el procedimiento y la información a suministrar cuando las operaciones de búsqueda y rescate ingresen en el territorio vecino o salgan de él.
6. Determinar las formalidades a cumplir en caso de introducción de material para la ejecución de operaciones de búsqueda y rescate en el país vecino.
7. Coordinar las ayudas a la navegación y el balizamiento.
8. Fijar las zonas de alijo y complemento de carga conforme al Tratado.
9. Transmitir en forma expedita las comunicaciones, consultas, informaciones y notificaciones que se efectúen de conformidad a la Parte Primera del Tratado.

10. Cumplir las otras funciones que le han sido asignadas por el Tratado y aquellas que las Partes convengan otorgarle en su Estatuto u otras formas de acuerdo.

58

La vida de parásito no es digna, pero tampoco podéis vivir nada más que para trabajar. Así de sencillo. Porque lo más glorioso que tenéis es la vida.

Tal como decía Mujica para la cadena RT en enero de 2013, la vida hay que valorarla en lo que vale y disfrutarla mientras aún se puede. Igual que en el poema *La hora* de la poeta uruguaya Juana de Ibarbourou, la juventud hay que aprovecharla:

Tómame ahora que aún es temprano
y que llevo dalias nuevas en la mano.
Tómame ahora que aún es sombría
esta taciturna cabellera mía.
Ahora que tengo la carne olorosa
y los ojos limpios y la piel de rosa.
Ahora que calza mi planta ligera
la sandalia viva de la primavera.
Ahora que en mis labios repica la risa

como una campana sacudida aprisa.
Después..., ¡ah, yo sé
que ya nada de eso más tarde tendré!
Que entonces inútil será tu deseo,
como ofrenda puesta sobre un mausoleo.
¡Tómame ahora que aún es temprano
y que tengo rica de nardos la mano!
Hoy, y no más tarde. Antes que anochezca
y se vuelva mustia la corola fresca.
Hoy, y no mañana. ¡Oh, amante!, ¿no ves
que la enredadera crecerá ciprés?

Juana Ibarbourou, que supo compaginar una vida plena con el trabajo duro, recibió en 1929 el título honorífico de Juana de América, y en 1979 fue la primera mujer uruguaya en ser enterrada con honores de ministro de Estado y ser merecedora del duelo nacional.

59

Es muy difícil en este mundo plantearse caminos que sean definitivos cuando lo definitivo es la incertidumbre.

Los estudios demuestran que la incertidumbre, de la que hablaba Mujica en su discurso ante la CEPAL en marzo de 2014, es desagradable para la mente humana, que prefiere incluso conocer las malas noticias antes que mantenerse en la duda. Sin embargo, con el futuro la cosa se complica, puesto que no se sabe qué es lo que pasará en este mundo encaminado a la globalización. El físico, profesor y escritor español Jorge Wagensberg nos da unas pistas sobre cómo enfrentarnos al futuro en su artículo «Cómo perseverar cuando la incertidumbre aprieta bajo la ley general del cambio»:

> La ley general del cambio es una identidad matemática (no confundir con la identidad de un objeto o de un individuo, concepto representado, justamente, por el primer término de la identidad

matemática). Una ecuación solo se cumple para unos valores de las variables que llamamos soluciones. En cambio, una identidad se cumple para todo valor de las variables. Por ello es inviolable e insoslayable. Si resulta que la incertidumbre del entorno de un individuo aumenta, entonces se abren tres grandes alternativas para seguir vivo: mejorar la anticipación, la movilidad y/o la tecnología. Se trata, atención, de una restricción. No esconde ninguna clase de obligación. Justamente, hay muchas soluciones compatibles con la restricción determinada por la ley general del cambio. Entre las soluciones posibles (entre las soluciones que no contradicen la ley), hay donde elegir. [...].

La capacidad de cambiar el (o de) entorno expresa la variabilidad de estados accesibles del entorno, una vez fijados (conocidos) los estados accesibles del individuo. Es pues otro interesante término cruzado, el término cruzado simétrico. Puede tener el sentido directo de impacto ambiental, muy pequeño en el caso de un inmenso desierto transitado por un solitario beduino o muy grande si se trata de la afluencia masiva de bañistas a una pequeña playa. Pero también expresa, y es el quid de la cuestión, la manera accesible al ser vivo para introducir modificaciones en su entorno. En esencia hay dos modos: la tecnología (cambiar el entorno) o la movilidad (cambiar de entorno).

60

No me pidió nada porque tiene la inteligencia de no pedir lo que no le van a dar.

Así hablaba Mujica de Barak Obama en conferencia tras su encuentro con el presidente americano a principios de 2014 respecto a la posibilidad de que los presos de Guantánamo encontrasen albergue en Uruguay. Sin embargo, incluso los propios estadounidenses pueden ver la dependencia que tienen, según el economista Peter Schiff, de otros países. Experimentado corredor de bolsa, comentarista económico y dueño de Euro Pacific Capital, hablaba así para la cadena RT en septiembre de 2014:

> En cierto modo, somos como un parásito de la economía mundial: nos alimentamos del resto del mundo y necesitamos mantener la ilusión de que el mundo depende de Estados Unidos y no al revés. Por supuesto, a largo plazo creo que esta relación hará mucho más daño a Estados Unidos que a la

economía global, porque con el tiempo el mundo se dará cuenta de lo que estamos haciendo, y no van a apoyarnos más.

Creo que Estados Unidos es el país más dependiente en todo el planeta. Dependemos del resto del mundo, como ningún otro. Ya no tenemos capacidad para producir los bienes de consumo que necesitamos y contamos con el resto del mundo para llenar el vacío, para que nos envíe todos los bienes que produce a cambio de nada, porque no hacemos las exportaciones para pagar nuestras importaciones. Contamos con el mundo que nos presta el dinero para comprar los productos que producen.

De hecho, son mucho mayores que antes, debido a lo que hizo la Reserva Federal, que intervino y previno que el mercado resolviera los problemas creados por los años de una mala política monetaria. En resultado, los problemas son más grandes y la crisis será más grande que nunca.

Y respecto a la relación económica de otros países con Estados Unidos, augura:

Compran el dólar como un refugio seguro ignorando el hecho de que los problemas en Estados Unidos son, en realidad, más graves que en los países cuyas monedas están vendiendo para comprar dólares. Así nos beneficiamos de los problemas de todo el mundo.

Bibliografía

PRIMERA PARTE

MUJICA: UNA VIDA CON SENTIDO

Blixen, Samuel, *El sueño del Pepe: José Mujica y el Uruguay del futuro*, Ediciones Trilce, Montevideo, 2009.

Brum, Pablo, *The Robin Hood Guerrillas: The Epic Journey of Uruguay's Tupamaros*, Createspace Independent Pub, 2014.

Campodónico, Miguel Ángel, *Mujica*, Editorial Fin de Siglo, Montevideo, 1999.

Carrato, Víctor, *Mujica. La visión y el camino*, La República, Montevideo, 2009.

Caula, Nelson, y Silva, Alberto, *Ana la guerrillera: una historia de Lucía Topolansky*, Ediciones B, Montevideo, 2011.

Fernández Huidobro, Eleuterio, *Historia de los tupamaros: el MLN, TAE*, Tupac Amaru Editores, 1987.

Fernández, Nelson, *Quién es quién en el Gobierno de Mujica*, Editorial Fin de Siglo, Montevideo, 2011.

García, Alfredo, *Pepe Coloquios*, Editorial Fin de Siglo, Montevideo, 2009.

Gilio, María Esther, *Pepe Mujica: de tupamaro a presidente*, Capital Intelectual S. A., 2005.

Israel, Sergio, *Pepe Mujica. El presidente*, Planeta, Montevideo, 2014.

Izquierdo, Marcelo, *Lecciones de un tupamaro*, Proceso, 2005.

Labrousse, Alain, *Una historia de los tupamaros: de Sendic a Mujica*, Editorial Fin de Siglo, Montevideo, 2009.

Lucas, Kintto, *Tal cual es: el camino de José Mujica a la presidencia*, Abya-Yala, 2012.

Mazzeo, Mario, *Charlando con Pepe Mujica: con los pies en la tierra*, Ediciones Trilce, Montevideo, 2002.

Mujica, José, *José Mujica: la realidad, la angustia, la esperanza*, Ediciones de la Banda Oriental, Montevideo, 2005.

—, *José Mujica a los intelectuales*, Montevideo, Ministerio de Coordinación de la Política, 2010.

—, Arocena, Rodrigo y Mazzeo, Mario, *Cuando la izquierda gobierne*, Ediciones Trilce, Montevideo, 2003.

—, y Di Candia, César, *Mujica en búsqueda. Trece años en 21 reportajes*, Búsqueda, 2009.

—, y Rodiger, Rubén Darío, *Mujica recargado*, Aguilar, Montevideo, 2007.

Pernas, Walter, *Comandante Facundo. El revolucionario Pepe Mujica*, Santillana, Montevideo, 2013.

Otras fuentes:

Ceremonia de asunción del presidente José Mujica, plaza Independencia, 1 de marzo de 2010.
Discurso de transmisión de mando presidencial, plaza Independencia, 1 de marzo de 2010.
Conferencia de Naciones Unidas sobre el Desarrollo Sostenible, 20 de junio de 2012.
Discurso pronunciado por José Mujica en la cumbre Río+20, 20 de junio de 2012.
Intervención del señor José Mujica, presidente de la República Oriental del Uruguay, 68.° Período de Sesiones de la Asamblea General de las Naciones Unidas, Nueva York, 24 de septiembre de 2013.
Presidencia de la República Oriental del Uruguay, presidente en medios internacionales, septiembre 2014, <http://www.presidencia.gub.uy>.

Entrevistas a Mujica en diferentes medios:

Entrevista en la revista *Brecha*, 1994.
Entrevista en la revista *Carta Maior*, 2006.
Entrevista en el diario *El Universal*, 13/05/2010.
Entrevista en el diario *El País* (Uruguay), 27/08/2010.
Entrevista en el canal de televisión CNN, abril de 2012.
Entrevista en el diario *El Mundo* (Venezuela), 16/05/2012.

Entrevista en el programa *Bajada de línea*, 12/08/2012.
Entrevista en la cadena cubana RT, 01/02/2013.
Reportaje en Televisión Española, 01/06/2013.
Discurso del 26 de julio de 2013 en Santiago de Cuba.
Reportaje en *El Periódico* (España), 01/12/2013.
Entrevista en la CNN2 en español, 13/12/2013.
Entrevista en el diario *El Mercurio* (Chile), 05/01/2014.
Conferencia en el Senado de Santiago de Chile, marzo de 2014.
Discurso ante la CEPAL, diario *El País* (Montevideo), 12/03/2014.
Entrevista en el diario *El País* (España), 24/03/2014.
Reportaje *Salvados*, La Sexta, 18/05/2014.
«Diálogos sin corbata», Banco Mundial, 26/05/2014.
Entrevista en el programa *Presidentes Latinoamericanos*, Canal 7 (Argentina).
Audición M24, Montevideo.
Primera vuelta. TV Ciudad. Montevideo.

SEGUNDA PARTE

INSPIRACIONES CON MUJICA

Castro, Fidel, *La historia me absolverá*, Editorial de Ciencias Sociales, La Habana, 2007.
Checa, Francisco y Arjona, Ángeles, *Inmigración y derechos humanos: la integración como participación social*, Icaria editorial, Barcelona, 2004.

García Márquez, Gabriel, *Un manual para ser niño*, Biblioteca Virtual Universal, 2003.

Jodorowsky, Alejandro, *El maestro y las magas*, Ediciones Siruela, Madrid, 2009.

Séneca, Lucio, *Sobre la brevedad de la vida*, Biblioteca virtual de Andalucía, 2010.

VV. AA., *La educación encierra un tesoro*, Santillana Ediciones Unesco, Francia.

Artículos:

Aparicio, Trinidad, «Cómo superar un trauma del pasado», Portal Puleva Salud, 2008.

Carrasco, A., «Canarias recibió 62.555 inmigrantes en patera desde 2005, el 60 por ciento del total», *El Día*, junio 2014.

Comisión Internacional por la Libertad de los Muchachos Suecos y Uruguayos detenidos en Uruguay, «Libertad y justicia», n.º 8 del boletín *Aguantamos todavía*, 2004.

Cruz, Juan, «Mario Vargas Llosa: "Yo no soy un reaccionario"», *El País*, 1989.

Galeano, Eduardo, «Los caminos del viento», *La Jornada*, México, septiembre de 2010.

García, José Antonio, «La preocupación patológica y su tratamiento», <*psicoterapeutas.com*>.Guibert, Susan, «Study: Telling fewer lies linked to better health and relationships», Universidad de Notre Dame, agosto de 2012.

Hamzelou, Jessica, «Infants take a rational response to "broken" toys», *New Scientist*, 2011.

Lavoie, Amy, «Neuroimaging suggests truthfulness requires no act will honest people», *Harvard Gazette*, 2009.

Maillard, C., «La soledad: comprenderla y ponerle fin», Doctíssimo, 2010.

Méndez, Pablo Manuel, «El país de los políticos austeros», Sesión de Control, enero de 2013.

Pardo, José Luis, «Uruguay rompe un tabú en la lucha contra el tráfico de drogas», *El País*, agosto de 2013.

Paredes, Ricardo Iván, «El término "sudaca" y sus mutaciones: apócope, insulto y reivindicación», *Pliego Suelto*, enero de 2014.

Pieters, Rik, «Bidirectional Dynamics of Materialism and Loneliness: Not Just a Vicious Cycle», *The University of Chicago Press*, Chicago, 2013.

Portalatín, Beatriz, «¿Es razonable decir siempre la verdad?», *El Mundo*, Madrid, 2012.

Redacción, «Así sacó el Gobierno de Lula da Silva a 28 millones de brasileros de la pobreza», *Semana*, agosto de 2006.

—, «Los gobernantes más perversos de la historia», *20Minutos*, febrero de 2011.

—, «Un enfermo terminal da 10 consejos para aprovechar la vida», RT, junio de 2013.

—, «Experto: EE. UU. se comporta como "un parásito" de la economía mundial», RT, septiembre de 2014.

Sábato, Ernesto, «Lo peor es el vértigo», *El Cultural*, noviembre 2014.

Silvero, José Manuel, «Pensar la mierda: suciedad material y suciedad simbólica», *ABC*, enero de 2014.
T. I., «Honduras y El Salvador: la "guerra del fútbol" y la isla Conejo», *Te interesa*, 2014.
Villoro, Juan, «"Yo sé leer": vida y muerte en Guerrero», *El País*, octubre de 2014.
Wagensberg, Jorge, «Cómo perseverar cuando la incertidumbre aprieta bajo la ley general del cambio», ARCE, 2004.

Otras fuentes:

Informe de la Convención de las Naciones Unidas contra la corrupción, portal de la Oficina de las Naciones Unidas contra la Droga y el Delito, 2004.
Declaración Universal sobre Bioética y Derechos Humanos, portal web de la UNESCO, 2005.
Informe de la Quinta Encuesta Nacional sobre el consumo de Drogas en Hogares, Observatorio Uruguayo de Drogas, mayo de 2011.
Informe final de Río+20, portal de las Naciones Unidas, junio 2012.
Carta de José Mujica a Hugo Chávez, portal de la presidencia de la República Oriental del Uruguay, 2012.
Caja de herramientas comunitarias del Grupo de Trabajo para la Salud y Desarrollo Comunitario de la Universidad de Kansas.
Estatuto de la Comisión del Tratado del Río de la Plata, portal de la Comisión del Río de la Plata.

Ley n.º 17.234 sobre Protección Ambiental, del portal del Parlamento de la República Oriental del Uruguay.

Principios del pacto, portal del Pacto Mundial de la ONU.

Principios de la Acción Colectiva, Programa para la Acción Colectiva y Derechos de Propiedad.

Página web oficial de la Cátedra Che Guevara.

Página web Ciudad Seva.

Página web Bienestar 180.

Página web Fútbol Sapiens.

Blog *Relaciones Internacionales*.

Web de la Feria Iberoamericana de Artes (FIA Caracas).

Queremos compartir más momentos contigo.

Únete a la comunidad de Penguin Libros y encuentra tu siguente lectura.